El
ESPOSO
que quiero para mi
HIJA
y La
ESPOSA
que quiero para mi
HIJO

Criterios para unos suegros felices

Guillermo y Milagros Aguayo

WHITAKER
HOUSE

Redactado por: Henry Tejada Portales

Editado por: Ofelia Pérez

El esposo que quiero para mi hija y la esposa que quiero para mi hijo
Criterios para unos suegros felices
ISBN: 9781629117669
eBook ISBN: 9781629117676
Impreso en los Estados Unidos de América
© 2016 por Guillermo y Milagros Aguayo

Whitaker House
1030 Hunt Valley Circle
New Kensington, PA 15068
www.whitakerhouseespanol.com

1 2 3 4 5 6 7 8 9 10 11 ᜃ 22 21 20 19 18 17 16

DEDICATORIA

A nuestros hijos Paz, Fe y Juan Guillermo,

por recibir con admiración y respeto

el apasionado e imperfecto

amor de padres que les profesamos.

Es un deleite y un honor

tenerlos como nuestros hijos.

Su dulzura, alegría y obediencia

han sido y serán la mejor escuela

en nuestra vida como padres.

CONTENIDO

INTRODUCCIÓN

Si usted está solo hojeando este libro o, mejor aún, empezando a leerlo, ¡lo celebramos! La felicidad de nuestros hijos siempre será una extraordinaria motivación para hacer lo que nunca hemos hecho, para leer lo que nunca hemos leído y, finalmente, para pensar lo impensable. Pero no hay duda de que hay cierto momento en la vida de los padres en que las cosas toman un cariz diferente, un punto de quiebre que nos hace pensar cosas que jamás nos habíamos preguntado antes:

¿Cuándo se casará mi princesa? ¿Cómo será el día en que nuestros pequeños hijos dejen la casa donde han vivido toda su vida? La mujer que elija mi hijo, ¿realmente lo hará feliz?

Estas simples (y complicadas) preguntas no son los primeros atisbos del tema matrimonial en relación a nuestros hijos. Los primeros pensamientos sobre este espinoso (para algunos) o delicioso (¿para pocos?) tema, empiezan a surgir cuando vemos los inminentes matrimonios de los hijos e hijas de nuestros contemporáneos.

Claro, hasta allí no es estrictamente nuestro tema, así que en medio de un café con nuestros amigos (que ya huelen a suegros) no dudamos en preguntar: "¿Y qué tal tu futuro yerno? ¿Cómo ves a tu próxima nuera?". Así empiezan hondas conversaciones donde el análisis (y un completo escaneo, sin duda alguna) de los candidatos a yerno y nuera, es el menú de todos los días. ¡Qué delicia conversar sobre el matrimonio de los hijos de los demás!

Pero cuando empezamos a pensar en el esposo que queremos para nuestra hija o la esposa que deseamos para nuestro hijo, todo cambia.

Todo.

Usted, sin duda, conoce el famoso texto bíblico de Génesis 2:24: *"Por tanto el hombre dejará a su padre y a su madre y se unirá a su mujer, y serán una sola carne".* Cuando empezamos esta hermosa historia de unir nuestras vidas, estábamos del lado del que deja padre y madre, ¡pero ahora estamos del lado de padre y madre que ven cómo los hijos dejan el nido! Como bien dijimos, la historia cambia totalmente.

¿Es válida esta preocupación? ¿Deberíamos mantenernos al margen, y guardar una razonable distancia con este tema? ¿Cuánto es la medida correcta para involucrarnos?

Querido prospecto de suegro, estimada casi suegra (OK, lo reconocemos, cuesta asimilar este término y quizás suena duro… pero, ¡ánimo!), este libro lo hemos creado justamente para contestar estas preguntas, y muchas otras más. Si usted, como padre, se encuentra en esta etapa, exploremos juntos los conceptos que nos permitirán definir un estándar ideal de esposo y esposa. Ese ideal no tiene por qué ser lejano para las personas

> TENEMOS EL DERECHO Y EL DEBER DE ESPERAR QUE HOMBRES RECTOS Y MUJERES IDÓNEAS SEAN LOS ASPIRANTES AL PUESTO DE YERNO O NUERA.

que se casen con nuestros hijos. Tenemos el derecho —y el deber, cómo no— de esperar que hombres rectos y mujeres idóneas sean los aspirantes al puesto de yerno o nuera ante nosotros.

Si usted aún no tiene, ni siquiera a mediano plazo, el sueño de ver a sus hijos en el altar porque están demasiado pequeños, ¡vaya meditando en estas cosas y no dude que este libro también es para usted! Su oración, aun cuando sus hijos son pequeños o se pasean por la adolescencia, tiene que estar enfocada en que llegue la persona adecuada en el momento oportuno. ¡Ahora es el tiempo!

Por otro lado, con este libro también queremos desafiarlo a hacerse una pregunta: ¿Son mis hijos los candidatos ideales para ser yernos o nueras respetables? Como usted, existen miles de preocupados papás que piensan en cómo será el matrimonio de su hijo, o si el muchacho que su hija eligió será alguien de bien. ¡No dude en que allí sus hijos serán escudriñados! Sea diligente con el tiempo que le da a su familia, y prepare a su descendencia para ser aquella persona que usted quiere para la suya.

El gran desafío final que queremos plantearle es mirar al interior de su matrimonio: a lo largo de los años, ¿usted se convirtió en el yerno ideal para sus suegros? ¿Cuál es la impresión que usted ha dejado como nuera ante sus suegros? Responder estas simples preguntas puede poner en evidencia todo un esfuerzo realizado por crecer en lo personal, o una indiferencia que puede ser lapidaria para las relaciones familiares.

> DIOS TIENE UN PLAN PARA SU FAMILIA; ¡NO LO ARRUINE!

Dios tiene un plan para su familia; ¡no lo arruine! Esas promesas que Dios ha dispuesto para usted son también válidas para sus hijos, y aun para los hijos de sus hijos.

Para terminar (y en realidad, para empezar) le dejamos un consejo que lo encontramos en la carta del apóstol Pablo a los gálatas: *"No os dejéis engañar, de Dios nadie se burla; pues todo lo que el hombre siembre, eso también segará"* (Gálatas 6:7). Dios es un Dios de generaciones, y parte del destino de sus hijos en la vida matrimonial estará en función a las semillas que, como padres, ustedes sembraron o siembran actualmente.

¿Está usted listo para hablar de esto? Le aseguro que lo pasaremos muy bien.

1

EL YERNO IDEAL, LA NUERA SOÑADA

"No existe tal cosa como el amor gratis; el amor es la expresión más costosa en el mundo. Pero lo más maravilloso es que el precio ya ha sido pagado". –Ravi Zacharias

¡Quiero que sea perfecto!

Estimado lector, ¡bienvenido! No es frecuente conversar de esto, y me alegro de que usted y yo podamos hacerlo. La inminente llegada del yerno o la nuera para nuestros hijos es un tema fascinante, delicado, controversial, a veces espinoso y muchas veces difícil, pero es muy común. Aquí está en juego el futuro de nuestros hijos; y definitivamente todo padre quiere lo mejor para su descendencia. ¡Cuánto más si se trata de una decisión que marcará la vida entera de los que más amamos: nuestros hijos!

Usted, con muchos años de experiencia matrimonial, ya se dio cuenta de que la convivencia no es nada fácil. Sabemos que daría su vida para que sus hijos encuentren un camino que tenga muchos kilómetros de rosas, con pocas espinas, pero eso no se ajusta a la realidad. No obstante, la consigna de los padres siempre será: "¡Quiero que sea perfecto!" (hablando del aspirante a yerno o nuera). Una aspiración válida, no necesariamente correcta. Válida en tanto deseamos lo mejor para nuestros hijos, pero incorrecta desde que nadie es perfecto, y nadie viene con el "paquete completo".

¡Qué más quisiéramos que el prospecto de yerno (o nuera) sea un dechado de virtudes, y tenga a flor de piel las nueve manifestaciones del fruto del Espíritu! Si se trata de nuestro futuro yerno, apuesto a que quisiéramos un caballero inglés (¡bravo por los antiguos caballeros ingleses!); alguien que entienda que nuestra princesa necesita ser llena de detalles amorosos, y que la valore en toda la extensión de la palabra. Si se trata de nuestra futura nuera, seguro que quisiéramos una mujer que sepa respetar y honrar a nuestro príncipe en modos que sean significativos para él.

No se trata de pedir mucho o poco. Se trata simplemente de que amamos a nuestros hijos, y de que anhelamos lo mejor para ellos. Ni usted ni yo queremos que nuestros hijos fracasen en su vida matrimonial. Por eso necesitamos inspirarlos con nuestro ejemplo, con un día a día que les invite a pensar: "¡Qué maravilloso es el matrimonio!".

Ahora vayamos a la fuente inagotable de sabiduría por excelencia. Allí encontraremos una historia conocida: la de José y María. Estoy seguro que usted nunca la ha escudriñado en la dimensión en que la veremos ahora. Usted, como yo, terminará exclamando: "¡Yo quiero un José para mi hija!" o "¡Yo quiero una María para mi hijo!".

¿Un yerno como José? ¿Una nuera como María?

La historia de José y María es una de las historias más hermosas de la Biblia, y tiene mucho que enseñarnos. Sin duda, el inicio de la vida de esta familia fue como la de muchos ilusionados jóvenes, que en determinado momento de su vida se enamoran y anhelan casarse. José, un muchacho emprendedor y carpintero, finalmente encontró a una joven con la que quería pasar el resto de su vida. De ella podemos deducir que era una muchacha que provenía de una estructura familiar normal. La Biblia no dice lo contrario.

Como toda joven, María tenía la gran ilusión de tener un esposo, y de tener hijos. Ellos estaban listos para casarse, y en esa gran ilusión de toda pareja que tiene cercana su boda, seguramente soñaban cómo iba a ser la fiesta, y cómo iban a ser todos esos hermosos detalles. ¿Qué estaría pensando

María en ese momento? Probablemente soñaba con el vestido que usaría en la boda con su príncipe azul. Quizás su atención estaba en la preciosa ceremonia que estaba preparando; o ¿quién sabe?, la atención podría estar centrada en lo importante que era para ella unirse al hombre de sus sueños, y nada más.

Si pensamos en el contexto cultural judío, no podemos dejar de mencionar la fuerte marca que existía en ese tiempo en el tema de familia, como por ejemplo, en el tema de tener una pareja para toda la vida y tener hijos. Esto tenía un matiz muy especial dentro de la cultura judía de ese tiempo, ya que alguno de esos hijos podría ser el gran mesías esperado. Al tener en cuenta que tanto José como María provenían de linajes extraordinarios, esta historia empezaba a cobrar un cariz muy interesante.

Leyendo la Biblia, usted puede asombrarse con las genealogías de cada uno de los protagonistas de esta hermosa historia. Por ejemplo, en Mateo 1:1-16 encontramos el linaje de José:

> *Libro de la genealogía de Jesucristo, hijo de David, hijo de Abraham. Abraham engendró a Isaac, Isaac a Jacob, y Jacob a Judá y a sus hermanos; Judá engendró, de Tamar, a Fares y a Zara, Fares engendró a Esrom, y Esrom a Aram; Aram engendró a Aminadab,*

Aminadab a Naasón, y Naasón a Salmón; Salmón engendró, de Rahab, a Booz, Booz engendró, de Rut, a Obed, y Obed engendró a Isaí; Isaí engendró al rey David. Y David engendró a Salomón de la que había sido mujer de Urías. Salomón engendró a Roboam, Roboam a Abías, y Abías a Asa; Asa engendró a Josafat, Josafat a Joram, y Joram a Uzías; Uzías engendró a Jotam, Jotam a Acaz, y Acaz a Ezequías; Ezequías engendró a Manasés, Manasés a Amón, y Amón a Josías; Josías engendró a Jeconías y a sus hermanos durante la deportación a Babilonia. Después de la deportación a Babilonia, Jeconías engendró a Salatiel, y Salatiel a Zorobabel; Zorobabel engendró a Abiud, Abiud a Eliaquim, y Eliaquim a Azor; Azor engendró a Sadoc, Sadoc a Aquim, y Aquim a Eliud; Eliud engendró a Eleazar, Eleazar a Matán, y Matán a Jacob; Jacob engendró a José, el marido de María, de la cual nació Jesús, llamado el Cristo.

Así mismo, en Lucas 3:23, según los expertos, encontramos el linaje de María:

Y cuando comenzó su ministerio, Jesús mismo tenía unos treinta años, siendo, como se suponía, hijo de José, quien era hijo de Elí, y Elí, de Matat; Matat, de Leví; Leví, de Melqui; Melqui, de Jana; Jana, de José; José, de Matatías; Matatías, de Amós; Amós, de Nahúm; Nahúm, de Esli; Esli, de Nagai; Nagai, de Maat; Maat, de Matatías; Matatías, de Semei; Semei, de José; José, de Judá; Judá, de Joana; Joana, de Resa; Resa, de Zorobabel; Zorobabel, de Salatiel; Salatiel, de Neri; Neri, de Melqui; Melqui, de Adi; Adi, de Cosam; Cosam, de Elmodam; Elmodam, de Er; Er, de Josué]; Josué, de Eliezer; Eliezer, de Jorim; Jorim, de Matat; Matat, de Leví; Leví, de Simeón;- Simeón, de Judá; Judá, de José; José, de Jonán; Jonán, de Eliaquim; Eliaquim, de Melea; Melea, de Mainán; Mainán, de Matata; Matata, de Natán; Natán, de David; David, de Isaí; Isaí, de Obed; Obed, de Booz; Booz, de Salmón; Salmón, de Naasón; Naasón, de Aminadab; Aminadab, de Admín; Admín, de Aram; Aram, de Esrom; Esrom, de Fares; Fares, de Judá; Judá, de Jacob; Jacob, de Isaac; Isaac, de Abraham; Abraham, de Taré; Taré, de Nacor; Nacor, de Serug; Serug, de Ragau; Ragau, de Peleg; Peleg, de Heber; Heber, de Sala; Sala, de Cainán; Cainán, de Arfaxad; Arfaxad, de Sem; Sem, de Noé; Noé, de Lamec; Lamec, de Matusalén; Matusalén, de Enoc; Enoc, de Jared; Jared, de Mahalaleel; Mahalaleel, de Cainán; Cainán, de Enós; Enós, de Set; Set, de Adán; y Adán, de Dios.

Tremendo linaje el de estos dos ilusionados jóvenes.

Volvamos a estos dos muchachos llenos de esperanza y de muchas expectativas. Ellos, consagrados y animosos, iban para adelante con sus planes de boda. Todo parecía estar yendo según los planes. ¿Qué podría ir mal con esta joven pareja?

De pronto, algo totalmente inusual ocurre: en pleno proceso prematrimonial, María estaba embarazada, y sin haber tenido intimidad con José.

María: *Hágase conmigo conforme a tu palabra*

> *Y al sexto mes, el ángel Gabriel fue enviado por Dios a una ciudad de Galilea llamada Nazaret, a una virgen desposada con un hombre que se llamaba José, de los descendientes de David; y el nombre de la virgen era María. Y entrando el ángel, le dijo: ¡Salve, muy favorecida! El Señor está contigo; bendita eres tú entre las mujeres. Pero ella se turbó mucho por estas palabras, y se preguntaba qué clase de saludo sería éste. Y el ángel le dijo: No temas, María, porque has hallado gracia delante de Dios. Y he aquí, concebirás en tu seno y darás a luz un hijo, y le pondrás por nombre Jesús (Lucas 1:26-31).*

Los planes, ilusiones y anhelos de María sobre su matrimonio con José estaban sobre ruedas hasta que le llegó esta gran noticia. Ella sabía el riesgo que estaba corriendo al ser destinada a ser la madre del Salvador. Podemos imaginarla, sola en su habitación, preguntándose, como le había preguntado al ángel: *"¿Cómo será esto, puesto que soy virgen?"* (Lucas 1: 26-34). A pesar de esta natural duda inicial, la respuesta inmediata y contundente de María fue: *"He aquí la sierva del Señor; hágase conmigo conforme a tu palabra"* (Lucas 1: 38). Esto lo dijo sabiendo los terribles peligros que conllevaba ser una mujer soltera embarazada antes de casarse, donde el marido fácilmente podía reclamar el apedreamiento.

María tuvo una extraordinaria disposición para hacer la voluntad de Dios. Eso es sencillamente inapreciable, por eso... ¡yo quiero una María para Juan Guillermo! Alguien que esté dispuesta a pagar cualquier precio, no importa el costo, por hacer la voluntad de Dios.

La enorme valentía e integridad de María la definen. Ella estuvo dispuesta a obedecer a su Dios en una rendición completa a Su voluntad, aun a costa de ella misma. ¡Sin lugar a dudas María era bendita entre todas las mujeres!

Y el nacimiento de Jesucristo fue como sigue. Estando su madre María desposada con José, antes de que se consumara el matrimonio, se halló que había concebido por obra del Espíritu Santo. Y José, su marido, siendo un hombre justo y no queriendo difamarla, quiso abandonarla en secreto (Mateo 1:18-19).

Ofrezco las disculpas anticipadas si alguien se siente ofendido con el siguiente refrán, pero dice la sabiduría popular "pueblo chiquito, infierno grande". ¿Cómo se enteró José de lo que le acontecía a María? La palabra exacta que usa el evangelio de Mateo es *"se halló"*, y eso nos deja muchas probabilidades. Es posible que la misma María le haya contado a José que estaba embarazada, y si es así, ¡tremenda prueba de fuego para esta relación! Es probable también que alguien haya llegado con la gran noticia (podemos decir también "chisme") y se la haya dicho a José. No es difícil suponer que de uno u otro modo, este haya sido uno de los más difíciles momentos en la vida de esta bella pareja.

Vayamos más adentro en esta historia. Para tal efecto, ubiquémonos otra vez. María está embarazada sin haber tenido ningún tipo de acercamiento físico con su prometido. Usted tiene que imaginarse esta tremenda noticia en todo su contexto, ya que según la ley de Moisés (para un judío, el Torá), una serie de ordenanzas sobre pureza sexual obligaban a matar a pedradas, como ya lo mencionamos, a la mujer que no llegara virgen al matrimonio. No es difícil inferir el tamaño de la angustia de José. Si no hubo ningún tipo de acercamiento físico, lo único que quedaba por pensar era que ella estuvo con otra persona. Es decir, a todas luces, María era una adúltera.

Este fue el primer y más grande reto de José… ¿Qué hacer en esta situación? ¿En verdad la dulce María habría hecho algo tan condenable? ¿Debería ser encubierta? ¿Debería ser acusada? ¿Quizás debería huir para librarse de este infausto camino? José era un hombre recto, y esa rectitud solo tenía un trágico camino: la muerte de María. La tradición cristiana interpreta que la justicia de José consistió en no querer encubrir con su nombre a un niño cuyo padre no se sabía quién era, pero también se dice que José estaba convencido de la virtud de María, así que él no iba a entregar a su amada al riguroso y radical procedimiento de la ley de Moisés.

En estos tiempos aciagos, dice la Biblia que María decidió irse apresuradamente a la región montañosa, a una ciudad de Judá. Fue a visitar a Elisabet, la esposa de Zacarías, quien hace poco había recibido la extraordinaria noticia de que iba a tener un hijo (vea Lucas 1: 8-24). Esto realmente era "extra-ordinario" (fuera de lo ordinario), porque tanto Zacarías como Elisabet eran de edad avanzada, con el agravante de que ella era estéril.

Lo extraordinario no queda allí. Al igual que María (incluso antes que ella), Elisabet recibió la promesa de un ángel del Señor, quien visitó a su esposo, y le dio la noticia de que iban a ser lo padres de un niño que estaba destinado a ser grande delante del Señor. Ese niño era nada menos que Juan el Bautista.

No se sabe exactamente qué es lo que motivó a María a hacer ese viaje a la región montañosa. Probablemente con ello conseguiría evitar un laberinto que se armaba en Nazaret al ser *vox pópuli* la condición de María. Como quiera que sea, algo maravilloso ocurrió en su encuentro con Elisabet:

> *y exclamó a gran voz y dijo: ¡Bendita tú entre las mujeres, y bendito el fruto de tu vientre! ¿Por qué me ha acontecido esto a mí, que la madre de mi Señor venga a mí? Porque he aquí, apenas la voz de tu saludo llegó a mis oídos, la criatura saltó de gozo en mi vientre. Y bienaventurada la que creyó que tendrá cumplimiento lo que le fue dicho de parte del Señor* (Lucas 1:42-45).

"Bienaventurada la que creyó que tendrá cumplimiento lo que le fue dicho de parte del Señor". Estas palabras de Elisabet, portadora en ese momento del bebé que le abriría camino al Salvador, sin duda fueron un bálsamo para María, y le ayudaron a saber en el fondo de su corazón que su fe sería grandemente recompensada a pesar de lo complicada de su situación. Era un tiempo difícil para ella, y cada paso lo

tenía que dar con mucha cautela. Estaban en juego su vida y la del bebé por nacer.

Conservar la cordura y actuar con sabiduría en circunstancias extremas es un reto para usted y para mí. La desesperanza y la desesperación tienden a ganar la partida en esos momentos, pero María pudo cumplir el reto con creces. Además, mantener intacta la fe, la gran certeza de que algo bueno igual tendría que venir, fue el principal desafío de esta maravillosa mujer de Dios.

¡Qué destino el que le tocó vivir a María! ¡Y qué coraje el que la movió a aceptar el monumental desafío de ser la madre del Salvador! Por esa valentía, por esa entrega incondicional a los planes de Dios, ¡yo quiero una María para mi hijo!

José: La certeza de un hombre de fe

Notemos que la Biblia dice que José era un hombre justo. Busquemos el significado de esta palabra en nuestra lengua contemporánea, y veamos si su significado concuerda por completo con la descripción de José que la Biblia tiene hace más de dos mil años.

justo, ta[1]: Del lat. *justus*.

1. adj. Que obra según justicia y razón. U. t. c. s.

2. adj. Arreglado a justicia y razón.

3. adj. Que vive según la ley de Dios. U. t. c. s.

¿Qué le parece, estimado lector? Sí, después de dos mil años, "justo" tiene ese significado. ¡Corra al diccionario y véalo usted mismo! Entonces, si nuestro infalible diccionario contemporáneo dice eso de la palabra "justo", ¿cuánto más significaba lo mismo en una sociedad donde la presencia y las leyes de Dios eran una marca indeleble en el corazón de las personas? Es sencillamente impresionante. Estoy seguro que ahora usted puede apreciar mejor el calificativo de "justo" que la Biblia le prodiga a José.

Le voy a confesar algo que seguramente repetiré varias veces: ¡Yo quiero un José para Paz y para Fe! Alguien que sea un hombre justo (en toda la dimensión de su palabra); que sepa extender gracia y misericordia cuando sea necesario.

> YO QUIERO PARA MIS HIJAS UN HOMBRE JUSTO, QUE SEPA EXTENDER GRACIA Y MISERICORDIA.

Volvamos a la historia y vayamos un poco más allá en el versículo que señala a José como un hombre justo. La Biblia dice: "*Y José su marido, siendo un hombre justo y no queriendo difamarla, quiso abandonarla en secreto*" (Mateo 1:19). José quería dejar a María, porque era un hombre justo, es natural. Quizás José pensó: "¿Y si María se enamoró de otro?", o "Mejor la dejo y permito que ella siga con su vida", o ¡quizás pensó tantas cosas parecidas! Es una serie de conjeturas que no es difícil imaginar.

En una situación como la que José estaba viviendo, sin duda pensaba sin cesar en esto (recordemos que estaba analizando la posibilidad de dejarla secretamente), y en medio de esta tormenta de ideas, algo pasó. Algo inimaginable para José. Un ángel del Señor se le apareció en sueños y le reveló que el hijo que estaba esperando María era fruto del Espíritu Santo, y que ese hijo iba a salvar al pueblo de sus pecados. ¡Tremenda noticia para él!

> Pero mientras pensaba en esto, he aquí que se le apareció en sueños un ángel del Señor, diciendo: José, hijo de David, no temas recibir a María tu mujer, porque el Niño que se ha engendrado en ella es del Espíritu Santo. Y dará a luz un hijo, y le pondrás por nombre Jesús, porque El salvará a su pueblo de sus pecados (Mateo 1:20-21).

¿Qué opina usted? ¿Acaso la visita de un ángel del Señor no es un hecho extraordinario para cualquier mortal? No hay duda de eso. Es una de esas cosas que solo pasan una vez en la vida, y que nos dejarían absolutamente deslumbrados (o tan maravillados como el siervo de Abraham cuando miraba a Rebeca; ya hablaremos de esto). Es importante señalar esto para notar la intensidad con que José estaba viviendo estos días.

Ahora quisiera que usted haga el ejercicio de ponerse en los zapatos (o en las sandalias) de José. Primero recibe la noticia de que su amada estaba embarazada (en ese momento, una noticia más que chocante, porque a todas luces, parece que ella le fue infiel con otro hombre). Luego de ello, el intenso conflicto que se formó en su corazón le decía por un lado "ella tiene que morir apedreada", y por otro lado, "ámala, solo ámala, ella es una buena mujer". Finalmente, un ángel le revela la verdad, y él tiene que tomar una decisión.

En aras de estar realmente en sus sandalias, cabe preguntarnos ¿qué fue lo que pudo pasar por la cabeza de José después que el ángel del Señor le habló y se despertó? Me aventuraré a decirle lo que pudo pensar:

"¡Qué sueño más extraño! Estoy pensando tanto en este complicado tema, que seguro los nervios me traicionan. ¡El ángel del Señor hablándome… qué locura! Pero, ¿si en verdad fue así? ¿Y si María no ha sido adúltera en ningún momento y está embarazada por obra del Espíritu Santo? ¡Esto la salvaría de morir, y podríamos hacer nuestra vida juntos! Además, ¡qué privilegio sería convertirme en el padre de quien salvará al pueblo de sus pecados! ¿Qué hago?

¿Obedezco al ángel, busco a María y formamos la familia que siempre quisimos con ese hermoso y santo niño por nacer?".

Sin duda alguna, ese momento fue un gran torbellino de ideas en la cabeza de José. Creo que no se puede aplicar mejor el término publicitario *brainstorming* (tormenta de ideas) que aquí.

Muchos años después, el apóstol Pablo escribiría en una de sus cartas dirigidas a la ciudad de Corinto): *"El amor… y se mantiene firme en toda circunstancia"* (1 Corintios 13:7 NTV). Entonces José, anticipándose a esa trascendental declaración que sería inspirada por las enseñanzas de su propio hijo, decide obedecer la voz de Dios, cubrir a la mujer que ama y enfrentar todo lo que venga, porque estaba convencido de que un ángel del Señor lo había visitado, y le había dado la noticia más insólita que había escuchado últimamente. Al final, una noticia salvadora llegada a través de un sueño, libraba a María de una muerte segura. ¡José llegó para ser el yerno ideal ante los ojos del padre de María!

¡Yo quiero un José para Paz y Fe! Un hombre de Dios que sea lo suficientemente espiritual, y que a pesar de cualquier señal externa que diga algo contrario a Dios, sepa escuchar y obedecer la realidad de la voz del creador.

Dios le dijo a este noble carpintero: "¡José, cree!". Y, sin duda, él puso en tela de juicio la veracidad de la situación, porque nunca había visto que el Espíritu Santo

> MI YERNO HA DE SER UN HOMBRE QUE SEPA ESCUCHAR Y OBEDECER LA VOZ DE DIOS.

haga concebir a una mujer. Eso era inverosímil. No obstante, José le creyó a Dios a pesar de todo.

La actitud de ambos fue categórica. Tanto María como José fueron dos personas dispuestas a obedecer a Dios sin importar las circunstancias ni el riesgo, y sin importar nada más que cumplir con la voluntad del Padre.

> *Y cuando despertó José del sueño, hizo como el ángel del Señor le había mandado, y tomó consigo a su mujer; y la conservó virgen hasta que dio a luz un hijo; y le puso por nombre Jesús* (Mateo 1:24-25).

¡Miren a este muchacho! Él seguro pensaba: "Yo tengo el derecho a apedrearte, y no lo voy a hacer porque Dios me habló. Estando casados, tengo el derecho a tener relaciones sexuales contigo, pero entiendo que hay un propósito divino en ti, así que te voy a cuidar y proteger hasta que cumplas con ese propósito". Por nueve meses, este muchacho recién casado estuvo dispuesto a cuidar a María, porque la valoraba, y porque la amó sin reservas. La cuidó con sumo amor hasta que nació Jesús.

José y María son más que espectadores de la obra de Dios; ellos fueron genuinos instrumentos del Reino. ¡Por eso yo quiero una María para Juan Guillermo! Que entienda que ella es un instrumento de Dios. Que entienda que la gloria de lo que haga, nunca será para ella, sino para Dios. De la misma forma, yo quiero un José para Paz, un José para Fe, un hombre que se las juegue por un plan divino para que la gloria siempre sea para Dios.

Claro, eso es lo que yo quiero. Sin embargo -y seamos sinceros- hoy por hoy ese tipo de jóvenes está escaso. El individualismo y el consumismo están literalmente arrasando la mente y el corazón de esta generación. El valor por lo correcto, moral y altruista, se desvanece ante el valor por lo divertido, momentáneo y egoísta.

Os Guinness, escritor, crítico social, y un gran pensador contemporáneo, resumió muy bien este desenfreno de nuestra época actual:

"Algunas de las peores formas de mundanalidad occidental son el desenfrenado individualismo y consumismo, manifestados en la tendencia a valorar con demasía la opinión pública, los números, la cantidad y la pantagruélica métrica de las incansables e hiperactivas redes sociales".

Las pruebas revelan quiénes somos

Muy a la altura de las difíciles circunstancias, José toma por esposa a María, y decide darles su cobertura a ella y al niño por nacer. Las duras pruebas no cesaron de llegar, y cuando María estaba con el embarazo bastante avanzado, Augusto, emperador de Roma, decretó un censo a lo largo de todo su imperio. Debido a que José era descendiente del rey David, se ve en la obligación de ir a Belén de Judea, antiguo hogar de David (vea Lucas 2:1-7).

Un fatigoso viaje de aproximadamente 150 km pone a prueba nuevamente a esta pareja. Recordemos que en ese tiempo los viajes solían hacerse a pie, en animales o en carretas, y siendo que José y María eran una pareja de condición humilde, podemos presumir que este viaje lo hicieron en un tradicional burro, para ayudar a María, quien –recordemos– estaba en avanzado estado de embarazo. El viaje en esos tiempos puede calcularse que duraba entre cuatro a seis días, y era sobre caminos nada sencillos, con animales salvajes y –cómo no– ladrones a la orden del día, listos para atacar. Es por esta razón que las personas trataban de viajar en grupos para lograr mayor seguridad y protección.

Hasta aquí, sobran motivos para querer un yerno como José. Él entendió que la prueba de fe está en la obediencia, mas no en el sufrimiento. Pero si usted desea más razones para considerarlo un yerno perfecto, se las seguimos dando.

Entonces José y María llegaron a Belén. La fatiga podía sentirse en ellos. El largo viaje, junto a la tremenda carga emocional de traer al Salvador, era algo que hacía difícil el camino. José llegó, y lo más rápido posible cumplió con su deber ciudadano de ser censado, pero le sobrevino algo que probablemente no esperaba que pasara tan pronto: el nacimiento de su hijo.

El Evangelio de Lucas nos confirma que no había alojamiento disponible en toda la zona. Belén estaba abarrotada cuando ellos llegaron de Galilea. Podemos imaginar lo difícil que fue el alumbramiento de María en estas circunstancias: ella retorciéndose de dolor por las contracciones, y él sin saber a dónde llevarla. Finalmente, como no había un lugar adecuado disponible, la pareja se vio en la obligación de quedarse en un establo o una cueva; esto no es precisado en los evangelios.

El momento crítico llegó. Probablemente la pareja estaba sola al momento del parto. María fue partera, paciente y mamá. José fue partero, doctor y papá. Luego de ver llegar a la criatura a este mundo, y de escucharlo en su primer llanto, la valiente pareja optó por envolver al recién nacido en tiras de tela, y acostarlo en un pesebre.

El Diccionario Bíblico Vine define pesebre como "comedero", y denota así mismo un establo. Por metonimia, también alude al compartimiento en el establo que contenía el pesebre o comedero. El lugar era extremadamente humilde y precario, pero ellos lograron cumplir con su cometido: hacer nacer al Salvador.

¡Y nació Jesús!

Los sabios del oriente vinieron y adoraron, no a María, no a José, sino al único digno de ser adorado: Jesús (vea Lucas 2: 8-21). Es evidente que nadie dijo "gracias, José, por jugártelas" o "gracias, María, por ser valiente y arriesgar hasta tu vida". Ellos tampoco esperaban palabras de elogio por lo que hicieron. Ellos solamente tuvieron un corazón completamente dispuesto a la voluntad del Señor. Por eso anhelo para mis hijos un José y una María que estén dispuestos a jugárselas por el Señor, y que entiendan que toda la gloria es siempre para Dios.

¡Qué admirable este par de valientes muchachos! Sus principios, su fe y una firme convicción de que el Señor los respaldaba fueron el fundamento de sus vidas en esta historia. Hay mucho por aprender, y mucho por imitar en ellos. Con todo lo que hemos visto, podemos decir: ¡Pasaron la prueba!

José y María, ustedes se han consagrado como el yerno y la nuera ideal, no hay ninguna duda. ¡Pero aún hay más! El azaroso inicio de esta familia tiene más detalles para aleccionarnos.

Más razones para tener a José como yerno, y a María como nuera

> *Después de haberse marchado ellos (aquí se refieren a los sabios del oriente, aclaración mía), un ángel del Señor se le apareció a José en sueños, diciendo: Levántate, toma al Niño y a su madre y huye a Egipto, y quédate allí hasta que yo te diga; porque Herodes va a buscar al Niño para matarle. Y él, levantándose, tomó de noche al Niño y a su madre, y se trasladó a Egipto (Mateo 2:13-14).*

El enemigo estaba levantando un terrible plan para matar al recién nacido Jesús. La Palabra de Dios dice que después de nacer Jesús en Belén de Judea, unos magos del oriente (sabios dedicados al estudio de la astrología, la medicina, y las ciencias naturales) llegaron a Jerusalén diciendo: *"¿Dónde está el Rey de los judíos que ha nacido? Porque vimos su estrella en el oriente y hemos venido a adorarle"* (Mateo 2:2).

Esto dejó muy turbado a Herodes, rey de turno en Judea, Galilea, Samaria e Idumea, por lo que convocó a todos los jefes de los sacerdotes y maestros de la ley para preguntarles dónde nacería ese peligroso "Rey de los judíos" (claro, a Herodes no le hacía ninguna gracias que algún proyecto de rey se asomara por sus lares). La respuesta que recibió fue "en Belén de Judea". Herodes llamó en secreto a los sabios, y se enteró por ellos del tiempo exacto del nacimiento del supuesto rey, así que los envió a Belén para que tan pronto encontraran al niño, él también fuera a "adorarlo".

Era obvia la intención de Herodes. Su adoración no era nada menos que el asesinato del hijo de María y José. ¡Tal peligro era el que se cernía sobre ellos! La gota que rebasó el vaso fue la prudente actitud de los sabios de oriente, quienes, como vimos, adoraron a Jesús... ¡pero se regresaron por otro camino esquivando al desalmado Herodes! Ellos, al igual que José, fueron advertidos en sueños de que no volvieran a Herodes. Cuando ellos se fueron, Dios le dice a José: "Huye a Egipto".

Piénselo bien, estimado lector; esto era cuestión de vida o muerte. Dios, en su omnisciencia, le advierte a José que su vida y la de su familia estaban en peligro. Además de lo crítica de la situación por el inminente riesgo de muerte, está el hecho de dejar la comodidad de la casa, partir, y emprender un largo viaje con un bebé recién nacido. La frontera con Egipto estaba a 125 kilómetros de Belén. A eso habría que agregarle algunos kilómetros más que demandaban llegar a la ciudad donde se instalaron. Ya vimos cómo eran los viajes de ese tiempo, así que usted puede imaginarse la reacción de ambos a este mandato.

No existe un registro de lo que voy a decir, pero se puede conjeturar que cuando José le dice a María para salir tan pronto como puedan, ella no se rehúsa, y menos aún dice algo como: "¡José, déjame escuchar la voz de Dios a mí! ¡Al fin y al cabo yo soy la que tengo comunión íntima con el Espíritu Santo!".

¿Se imagina a María tirando por los suelo el liderazgo de José, y asumiendo que solo ella puede escuchar la voz de Dios? Honestamente, yo no puedo; solo puedo ver en María una mujer que honra, admira y respeta a su marido; una mujer que supo acoplarse al liderazgo de José sin objeciones, ¡a pesar de estar con un bebé recién nacido!

Deseo de todo corazón que mi nuera camine siempre al lado de Juan Guillermo. Sueño con que su preocupación constante sea velar por lo que mi hijo necesita a nivel espiritual y físico, así como en las diversas facetas en las que se desenvuelva. Espero de todo corazón que mi nuera sostenga el liderazgo

> ESPERO QUE MI NUERA SOSTENGA EL LIDERAZGO DE MI HIJO A TRAVÉS DE ACTOS DE GENEROSIDAD.

de mi hijo a través de actos de generosidad. Quiero que el amor incondicional de mi nuera aleje por completo la falta de respeto, y que esto permita el incremento de la honra y la admiración que mi hijo necesita.

¡Esa es mi nuera!

Volviendo a nuestra fascinante historia, de lo que sí podemos estar seguros es de que ambos se fueron a Egipto. Dice la Biblia: *"Y él, levantándose, tomó de noche al Niño y a su madre, y se trasladó a Egipto"*. Como vemos, María estuvo dispuesta a seguir a su marido, aunque todo se veía como una locura y pareciera no tener ningún sentido. ¿Se imagina usted el pensamiento de María? *"¿Por qué nos vamos a ir a Egipto? Tú tienes un oficio, nuestro bebé acaba de nacer, nos han traído hermosos y valiosos regalos... oro, incienso, mirra... podríamos empezar el negocio familiar, agrandar la carpintería... ¡tantas cosas!".*

¡Qué sabiduría la de María para confiar de esa manera en José! ¡Y qué talla la de José para poner el pecho, y ser cabeza de familia con un liderazgo sólido y rendido a Dios! Simple y sencillamente María estuvo dispuesta a seguir a su marido a cualquier precio. Ella tenía la firme convicción de que José quería lo mejor para ella, y también sabía que José tenía un corazón dispuesto y sensible hacia su creador. José no propone ir a tierras desconocidas por caprichoso, sino por obedecer la voluntad de Dios y para proteger a María, porque la ama, porque la valora, y porque entiende que se trata de su descendencia, y que esta criatura tiene un poderoso y fundamental propósito en la tierra.

Esta es mi oración:

Señor, dame un José para Paz, dame un José para Fe. Un hombre que sea tierno, gentil, íntegro, amable, considerado y respetuoso, pero también valeroso para obedecer la voz de Dios, y que esté dispuesto a morir a él mismo para perseguir el propósito que Dios diseñó para mis hijas y, por supuesto, para mis nietos.

Señor, dame una María para Juan Guillermo, que lo sepa apoyar, que esté dispuesta a jugárselas el todo por el todo para cumplir la voz de Dios. Anhelo que mi nuera tenga una intimidad tal, que el Espíritu Santo le hable, así como le hablaba a María. ¿Quién no quisiera una María para su hijo? Con una disposición férrea, pero también con la firme convicción de respetar, honrar y admirar a su marido.

> *Pero cuando murió Herodes, he aquí, un ángel del Señor se apareció en sueños a José en Egipto, diciendo: Levántate, toma al Niño y a su madre y vete a la tierra de Israel, porque los que atentaban contra la vida del Niño han muerto. Y él, levantándose, tomó*

*al Niño y a su madre, y vino a la tierra de Israel.
Pero cuando oyó que Arquelao reinaba sobre Judea
en lugar de su padre Herodes, tuvo miedo de ir allá;
y advertido por Dios en sueños, partió para la región de Galilea; y llegó y habitó en una ciudad llamada Nazaret, para que se cumpliera lo que fue dicho
por medio de los profetas: Será llamado Nazareno*
(Mateo 2:19-23).

José, a estas alturas, sin duda ya estaba entrenado en el don
de oír la voz de Dios. Un ángel del Señor le dijo que fuera a
Egipto, y un ángel del Señor también le dijo que regresara.
Con su breve presencia en las Escrituras nos ha dejado una
lección inapreciable, y un anhelo de que sus cualidades sean
las mismas que encontremos en el pretendiente de nuestras hijas. Su prominente figura es indesligable de la sabia
María, quien supo hacer lo correcto, menguando en ciertos
momentos para que su esposo fuera directamente guiado
por la voz de Dios.

El Dr. Edwin Louis Cole decía: "El amor busca satisfacer
las necesidades de los demás a expensas de uno mismo". Ese
fue el amor que José demostró al apoyar incondicionalmen-
te a María en los momentos más difíciles. Él también pudo
optar en pensar en sí mismo, y decidir no arriesgar nada.
¡Al final, ese hijo no era suyo! Pero triunfó el amor, y con él,
la voluntad de Dios para la humanidad.

Deseo de todo corazón que mi yerno acompañe a mi hija en su caminar. Anhelo que decida estar pendiente de lo que ella necesita a nivel espiritual, a nivel físico y en todas las áreas de su vida; y que añada acción a esa preocupación genuina, de tal manera que supla cada una de esas necesidades. Sueño con que el amor incondicional de mi yerno aleje por completo el fantasma de la violencia doméstica, y que ese amor cubra todas las faltas y haga prosperar el perdón.

> DESEO QUE MI YERNO AÑADA ACCIÓN A LA PREOCUPACIÓN DE SUPLIR LAS NECESIDADES DE MI HIJA.

José entendió que el honorable amor debería ir acompañado de obras que lo reafirmen, ¡y qué mejor que un gran cuidado sobre la mujer de su pacto para respaldar la decisión de amar! Obedecer la voz de Dios y cuidar a María trajo una sola, pero extraordinaria consecuencia: ella fue valorada, inmensamente valorada.

¡Ese es mi yerno!

Esta generación debe entender que la vida en Dios ha sido diseñada para ser maravillosa, pero para que esta generación lo entienda, nosotros debemos ser los primeros en saberlo y vivirlo. Las reglas están simplemente para proteger esta hermosa experiencia de vida. Los dispuestos a vivirla en obediencia comerán del bien de la tierra.

"El juego se juega, no para proteger las reglas; sino que las reglas son hechas para proteger el juego". —Ravi Zacharias

¡Yo quiero un José para Paz, yo quiero un José para Fe, yo quiero una María para Juan Guillermo!

2

EL ROL DE LOS PADRES EN LA GRAN DECISIÓN

"Desde la invención de la imprenta, la Biblia ha llegado a ser más que la traducción de una literatura oriental antigua. No se ha visto como un libro extranjero, y ha sido la fuente y árbitro más asequible, familiar y confiable de los ideales intelectuales, morales y espirituales de Occidente". –H. Grady Davis

Algunos modelos bíblicos

La Biblia es un libro de modelos. Allí podemos encontrar historias que nos servirán como referencia para explicar a nuestros hijos cómo es el modelo de Dios y, por supuesto, los beneficios que este trae.

H. Grady Davis, profesor de Teología Funcional de la Escuela Luterana de Teología, en Chicago, en una memorable frase nos menciona una verdad absoluta y universal: la Biblia ha sido la fuente más asequible, familiar y confiable de los ideales intelectuales. Entonces, sería poco más que necio emprender la dirección opuesta, y no tener como guía la Palabra de Dios en todo lo que hagamos, más aún tratándose de un tema tan delicado y que determina el futuro de las familias, como escoger la persona que se casará con nuestro hijo o hija.

Como dijimos, la Biblia es un libro de modelos. Por eso queremos presentarle tres modelos muy conocidos que nos presentan al padre como pieza fundamental en la relación matrimonial que los hijos tienen por delante. Así es; es "pieza fundamental". Aunque los tiempos han cambiado mucho, y nuestra ejecutoria como padres y "pieza fundamental" es muy diferente en la actualidad, estos tres modelos nos sirven para confirmar lo dicho por H. Grady Davis.

El Padre Dios buscó a Eva y se la dio a Adán

Entonces el Señor Dios hizo de la costilla a una mujer, y la presentó al hombre. ¡Al fin! —exclamó el hombre—. ¡Esta es hueso de mis huesos y carne de mi carne! Ella será llamada "mujer" porque fue tomada del hombre. Esto explica por qué el hombre deja a

su padre y a su madre, y se une a su esposa, y los dos
se convierten en uno solo. Ahora bien, el hombre y su
esposa estaban desnudos, pero no sentían vergüenza
(Génesis 2:22-25 NTV).

A lo largo de la Biblia, la participación de los padres en el cortejo es un punto fundamental. Precisamente el Padre Eterno, desde el comienzo, dio el ejemplo al crear a la mujer y "presentarla" al hombre. La Biblia no dice que la creó y la dejó allí para que se encontrara con Adán, sino que la presentó. ¿Alguna vez se fijó en este "detallito"?

Abraham buscó a Rebeca para Isaac

En el modelo de cortejo de Rebeca e Isaac encontramos la importancia que toma Abraham, padre de Isaac, en la historia. Dice la Biblia en Génesis 24:1 (NTV): "*Abraham ya era un hombre muy anciano, y el Señor lo había bendecido en todo*". Es decir, viendo Abraham que el favor de Dios estaba con él, confió plenamente en su Señor, y envió a su criado más antiguo en busca de una esposa para Isaac.

El criado salió a cumplir el encargo. No podemos dejar de resaltar que él tenía esa misma sintonía que tenía su amo Abraham con Dios. Es por eso que el criado oró antes de dar cualquier paso (buen momento para detenernos un segundo, y permitir que el criado sea nuestro ejemplo en esta acción de orar antes de dar cualquier paso):

> *Oh Señor, Dios de mi amo, Abraham -oró-. Te ruego que hoy me des éxito y muestres amor inagotable a mi amo, Abraham* (Génesis 24:12 NTV)

Y dice la palabra en el verso 15 que *"Entonces, antes de terminar su oración, vio a una joven llamada Rebeca..."*

Finalmente, el criado llevó a Rebeca con Isaac, quien la tomó por esposa.

Aquí no queremos dejar de mencionar cómo la generosidad de Rebeca colaboró en gran manera con los planes de Dios. Más adelante exploraremos la generosidad de Rebeca, lo que también la convierte en el modelo de nuera ideal.

El Padre Dios buscó a la Iglesia y se la dio a Jesús

> *Pues nadie puede venir a mí a menos que me lo traiga el Padre* (Juan 6:44 NTV).

Jesús es el novio, y en algún momento Él vendrá por la novia: la Iglesia. ¿Qué dicen las Escrituras? Que nadie llega a Jesús si no lo lleva el Padre. El modelo más sublime de amor, Cristo y la Iglesia, también tiene al Padre de por medio para que la unión sea perfecta. Allí tendrá lugar las bodas del Cordero.

Las bodas del Cordero

A lo largo de la historia, Dios le llamó la atención una y otra vez al pueblo de Israel por estar coqueteando con otros dioses. Era un pueblo que, según su conveniencia, entraba y salía de la relación con el Dios de dioses y el Rey de reyes. Sin embargo, una permanente característica de nuestro Dios es también mantener compromisos únicos y firmes. Su Palabra es la esencia de Su identidad y el reflejo de lo que es Él.

De la misma manera, debemos procurar instaurar esta verdad en la vida de nuestros hijos. Establecer relaciones pasajeras donde se hacen "declaraciones de amor" que no tienen ningún propósito ni la menor intención de culminarlas en una relación de pacto para toda la vida, no es solo banal, sino como bien dijimos, es perjudicial para cuando llegue la relación en la que sí estamos yendo en serio.

> UNA PERMANENTE CARACTERÍSTICA DE NUESTRO DIOS ES MANTENER COMPROMISOS ÚNICOS Y FIRMES.

Desde el inicio, Dios se presentó para un solo y único amor: el ser humano. Este amor no va a cambiar de personaje ni se va a detener. Esta declaración de amor llegará a su culminación en las bodas del Cordero. ¿Qué es esto? No se preocupe; más adelante revisaremos este interesantísimo término.

Tenemos un Dios de generaciones, un Dios al que le interesa la familia, ¡y mucho! Es por eso que desde un inicio, si bien Dios aparece como el Señor, el Gran Yo Soy, no deja su cariz fundamental de Padre.

Dios se presenta a la humanidad como un padre que busca constantemente el bienestar de todos sus hijos. Después de crear a Adán, Dios le dio un huerto maravilloso. Dice la Biblia que el Señor hizo brotar de la tierra todo árbol agradable a la vista y bueno para comer. Pero también puso en medio de este huerto el árbol de la vida y el árbol del conocimiento del bien y del mal; y en el más puro afán de padre, le hizo una gran advertencia a Adán (que obviamente también implicaba a Eva). Le dijo:

> …*De todo árbol del huerto podrás comer, pero del árbol del conocimiento del bien y del mal no comerás, porque el día que de él comas, ciertamente morirás* (Génesis 2: 16-18).

Usted sabe lo que pasó después, y que ha influido hasta nuestros días. Sin embargo, lo que quiero resaltar es el cuidado de Dios hacia sus hijos. Es el mismo cuidado que ha procurado tener con Abraham, con Moisés, con todo el pueblo de Israel y, en general, con toda su creación.

Dios bendijo a Adán y Eva, y les dijo que fueran *"una sola carne"* (Génesis 2:24). Así empezó la humanidad, con esta primera boda simbólica. Fue el inicio de los tiempos y, de la misma manera, una gran boda marcará el fin de los tiempos: las bodas del Cordero.

Entremos más en detalle con este término y remitámonos al libro de Apocalipsis:

> *Y oí como la voz de una gran multitud, como el estruendo de muchas aguas y como el sonido de fuertes truenos, que decía: ¡Aleluya! Porque el Señor nuestro Dios Todopoderoso reina. Regocijémonos y alegrémonos, y démosle a Él la gloria, porque las bodas del Cordero han llegado y su esposa se ha preparado. Y a ella le fue concedido vestirse de lino fino, resplandeciente y limpio, porque las acciones justas de los santos son el lino fino (Apocalipsis 19:6-8).*

Recuerde que el libro de Apocalipsis es también llamado "Revelaciones". El apóstol Juan recibió, a través de visiones, un gran mensaje profético del Señor donde le revelaba lo que iba a acontecer al final de los tiempos. Pero es importantísimo señalar que al momento que Dios le habla a Juan acerca de las bodas del Cordero, quien estaba recibiendo el mensaje era un judío de los primeros años de la era cristiana. Por lo tanto estamos en la obligación (y siempre que leamos la Palabra es así) de enmarcarnos en cómo era el contexto de la época.

Lo principal que tenemos que analizar es cómo era en ese tiempo una boda judía. De este modo el término "bodas del Cordero" será más fácil de entender y desmenuzar. En un momento citaremos un interesante artículo llamado "Una típica boda judía", donde el autor describe el interesante proceso de una boda en aquella época.

Igual mencionaremos brevemente que estas bodas tenían tres etapas bien marcadas. En la primera se realizaba lo que podemos llamar "el contrato", donde el padre de la novia pagaba la famosa dote a los padres del novio. A partir de aquí se iniciaba el período de esponsales, que es el equivalente actual de la etapa de noviazgo (recordemos que en este período José y María recibieron la noticia del embarazo). La etapa final era el evento central: la ansiada boda.

Esta revelación que tuvo Juan respecto a las bodas del Cordero se refiere a esta última etapa. Los personajes de esta boda somos todos nosotros. Toda la Iglesia representamos a la novia que espera al flamante novio, que es Jesucristo. La simbología que guarda el Apocalipsis es impresionante, pero hay algo que me gustaría resaltar. ¿Recuerda que en la boda judía se le pagaba una dote al padre del novio? Pues esa dote ha sido la mismísima sangre de Jesucristo, que se le pagó al Padre del novio, y que fue derramada para salvar a la novia.

Así que, amado lector, estamos en la etapa de noviazgo. Por eso hay un padre preocupado porque esta boda sea perfecta. Así como se preocupó con el inicio de los tiempos, dándoles a Adán y Eva las directrices para que todo les fuera bien, nuestro Padre Celestial nos quiere como una novia radiante ante la llegada de Jesucristo.

¿Ha visto usted una boda donde la novia tenga el vestido manchado y sucio? Eso es imposible. Una boda siempre será el mejor y más cuidado de los días. La forma como se presenta la novia ese día es fundamental. Y es también imprescindible que la Iglesia, la novia que aguarda la llegada de Jesucristo, esté limpia, sin manchas, cuidada y arreglada. ¿Estamos en esa condición?

Una boda en los tiempos de la Biblia

Para entender mejor el contexto de lo que significaba una boda en los tiempos de Jesús, permítanme compartir con ustedes algunos fragmentos de un interesantísimo artículo de Jan Herca titulado "Una típica boda judía". El autor compila algunos datos que nos pueden dar luces acerca de cómo fueron las cosas en ese tiempo para María y José, en cuanto a la participación de los padres.

"...intentaremos recopilar de forma resumida el típico proceso de una boda de aquel tiempo. El joven pretendiente solía acudir a casa del padre de la novia portando una gran suma de dinero, un contrato de esponsales, llamado *shitre erusin* (redactado por las autoridades y costeado por el futuro novio), y un pellejo de vino. Si finalmente el padre accedía, bebía con el pretendiente un trago de vino, y se invitaba a la hija a pasar. Si la hija accedía (rara vez se opondría a un acuerdo previo del padre), entonces había acuerdo, y la hija y el pretendiente sellaban su acuerdo de esponsales bebiendo de la misma copa de vino, mientras se pronunciaba una bendición.

Desde ese momento y hasta doce meses después, tenían lugar los esponsales. El momento del inicio de los esponsales se marcaba con un regalo de boda (o *mohar*, Génesis 34:12, Éxodo 22:17, 1 Samuel 18:25). Desde el momento de los esponsales, la novia era tratada como si realmente estuviera casada. La unión no podía disolverse excepto por un divorcio legal; el incumplimiento de la fidelidad era tratado como adulterio; y la propiedad de la mujer pasaba virtualmente a ser del esposo, a menos que expresamente renunciara a ello. Incluso en este caso él era el heredero natural.

Después del contrato de esponsales, los novios continuaban separados cada uno en la casa de sus padres. Durante este período la novia se preparaba para su futuro papel de esposa, y el novio se encargaba de conseguir el futuro alojamiento para su mujer, que podía ser incluso una habitación dentro de la casa de los padres. Finalmente llegaba el día de la boda (*nissuin*)."

Las procesiones previas a la ceremonia constituían una parte importante del ritual, como describe Joachim Jeremias:

"A última hora de la tarde los invitados se entretenían en la casa de la novia. Después de horas de esperar al novio, cuya llegada era repetidamente anunciada por mensajeros, llegaba finalmente, media hora antes de la media noche, para encontrarse con la novia; iba acompañado de sus amigos; iluminado por las llamas de las candelas, era recibido por los invitados que habían venido a encontrarse con él. La comitiva de la boda se desplazaba entonces, de nuevo en medio de muchas luminarias, en una procesión festiva hasta la casa del padre del novio, donde tenía lugar la ceremonia del matrimonio y el agasajo.

Previamente a la boda, la novia debía purificarse debidamente en un *miqwaoth*o o baño ritual. Por su parte, el novio debía preparar la habitación nupcial o *chuppah*.

La ceremonia, llamada *kiddushin*, implicaba realizar un segundo contrato o*kethubah*. En este contrato se disponía de los llamados "amigos del novio", dos testigos especiales que se encargan de atender a las necesidades de la pareja. Después de firmar estos testigos, se llevaba el contrato a los padres de la novia. El contrato contenía las promesas que el novio se comprometía a realizar con su futura mujer.

Después de la ceremonia, los novios se retiraban a su habitación nupcial, que previamente habría preparado el novio, o *cheder*, donde se dispondría de un lecho conyugal o *chuppah*. Aquí el novio entregaba unos regalos a la novia.

Durante una semana (aunque seguramente en ciertos distritos esta costumbre se acortaba a unas pocas horas para no alargar en exceso la espera de los invitados) los novios permanecían todo el tiempo en la cámara nupcial, vigilada por los dos amigos del novio. Cuando el novio finalmente daba una voz, entraban los amigos y salían con la buena noticia de la consumación del matrimonio. En ese momento salían los novios del *cheder*, momento en que se veía por primera vez a la novia con el velo (*badecken*) descubierto.

Este hecho era recibido con gran regocijo por parte de los invitados, lo cual iniciaba la fiesta de la boda, donde se servía comida, se bailaba, y se cantaba al son de la música (Salmos 45:1-17). Las comidas exigían el uso de una gran cantidad de agua para realizar las frecuentes abluciones y lavatorios rituales. La fiesta duraba toda una semana, al término de la cual todos los invitados regresaban a sus casas."[1]

¡Qué tremendo! En esos tiempos había todo un largo protocolo para la boda; y, como vemos, los padres estaban directamente involucrados en el proceso. Ya puedo imaginar a los padres de José y María, felices de ver a sus hijos involucrados en un hermoso proyecto para toda la vida.

Los tiempos han cambiado, pero la esencia de la participación sana y amorosa de

> "¿TENGO QUE PARTICIPAR EN LA ELECCIÓN DE MI YERNO O MI NUERA?". LA RESPUESTA ES SÍ.

los padres sigue vigente. Fue y seguirá siendo saludable que los padres estén presentes en esta etapa de la vida de los hijos. Así que ante la pregunta "¿tengo que participar en la elección de mi yerno o mi nuera?", la respuesta es sí. Es justo, necesario y -reiteramos- saludable.

¡Que no quede en el limbo este concepto! ¡Que nadie le diga lo contrario! Pero recuerde manejar sus conceptos a base del verdadero amor. Si no hay amor genuino en esta participación, usted puede ser un verdadero estorbo. Como padres, usted y yo estamos llamados a participar amorosamente en todas las etapas de la vida de nuestros hijos, y claro, es evidente que siempre vamos a querer lo mejor para ellos ¡Por eso somos padres!

Eso incluye, por supuesto, participar amorosamente en la elección de la persona con la que su hijo (o hija) pasará el resto de su vida. No pierda de vista que he utilizado dos veces la palabra "amorosamente". Para estar sintonizados en la misma frecuencia, volvamos a mencionar la excelente definición de amor de parte del Dr. Cole, y siéntase cómodo cuando le instemos a que participe amorosamente en la elección del yerno o la nuera:

Aquí vamos: "El amor desea beneficiar a otros aún a expensas de sí mismo, porque el amor desea dar".[2]

Teniendo en cuenta este concepto, "participar amorosamente" en la elección del yerno o nuera simplemente quiere decir que usted tiene que hacer todo cuanto esté en sus manos para que su hijo sea el beneficiado, sin que su gusto personal, como padre, sea el que se imponga en algún momento. El amor desea dar, e indudablemente lo único que deseamos nosotros, desde que ellos nacieron, es darles toda la felicidad posible. ¿No es así?

Hay que mirar las cosas desde la perspectiva real: casarse es una decisión que requiere un serio análisis, y este análisis tiene muchos aspectos que debemos tener en cuenta. Por ejemplo, pongamos bajo la lupa cómo usted vio la etapa de noviazgo, y la posterior decisión de casarse cuando era joven.

Yo no puedo saber cómo ha sido cada etapa de su vida, pero como quiera que hayan ocurrido, sin duda casi todas nuestras actitudes y nuestro modo de ver las cosas se heredan. Así que si usted fue ligero en tomar aquella gran decisión y no le importó la opinión de sus padres, que no le sorprenda que la misma ligereza y el mismo poco aprecio a la opinión paterna sean adoptados por su descendencia. Si usted pensó, meditó y reflexionó antes de dar el gran paso, y además permitió una saludable participación de sus padres, la perspectiva de que su hijo haga lo mismo —créame— es bastante alentadora.

Un suegro de película

Por naturaleza (y esto no tiene por qué preocuparle sobremanera) los padres queremos no solo dar nuestra opinión en este delicado y personal tema; también quisiéramos ser tomados en cuenta ¡y en algunos casos quisiéramos que se haga lo que nosotros queremos! Para ilustrar esto, permítame recordar una película llamada *Meet the Parents*, conocida en Hispanoamérica como *La Familia de mi Novia*.

Usted seguro debe recordar esta graciosa historia donde Greg (Ben Stiller) es un enfermero que quiere proponer matrimonio a su novia Pam. Antes del enlace, la pareja tendrá que visitar a los padres de ella: el exagente de la CIA Jack Byrnes (Robert De Niro) y su mujer, Dina. Pero no será nada fácil: además de aguantar a un gato problemático y al ex novio de ella, Greg tendrá que lidiar especialmente con su suegro. Este duro prospecto de suegro, que quiere asegurarse (como usted y como yo) que su hija se case con el hombre correcto, utilizará juegos mentales, detectores de mentiras, espionaje en todas sus formas, y todo tipo de situaciones extrañas para conocer a su futuro yerno, presionarlo y ponerlo a prueba.

Damos gracias a Dios porque este no es su caso (y porque usted no es un exagente encubierto de alguna entidad de espionaje). No obstante, cada padre lucha de manera diferente con el conocido fantasma llamado "mi hijo (hija) se casa y se va de casa". No lo vamos a negar. Cuando se trata de nuestra princesa, todos tenemos algo de la paranoia de Jack Byrnes, y queremos saber todo lo que se pueda del candidato para que nuestra nena (un término que jamás dejaremos de usar) no sea decepcionada, y viva feliz al lado de su Romeo.

Hagamos justicia, y no dejemos de hacer una breve mención de la "amenaza" que también significa para todas las mamás la llegada de la nuera (tomemos con humor este tema; no se estrese). Partir en dos ese sublime cariño que le proporciona el hijo varón a una madre, es un pensamiento que, sin duda alguna, puede causar algunos dolores de cabeza a toda mujer que ha dedicado su vida entera a la crianza de su príncipe.

Hecha la breve mención, y con la promesa de que trataremos este delicado (y sublime) tema más adelante, hablemos ahora sobre la importancia del entorno familiar.

Lo maravilloso del reflejo familiar

Cuando nacieron nuestros hijos, como es lógico, nos sentimos plenamente bendecidos. Nuestro primer anhelo fue ver la primera sonrisa en sus labios, deseo que fue cumplido a las pocas semanas de nacidos. Luego de ello vinieron diferentes anhelos: sus primeros pasos, las primeras palabras, el verlos conversar más fluido, su primer día de colegio, su paso a la educación secundaria; y así, verlos crecer y disfrutar cada etapa de sus vidas, ha sido un deleite para nosotros.

Indudablemente el entorno en el cual ha crecido cada persona determinará la cosmovisión que tenga de la realidad, y de cada etapa de la vida. Ellos han crecido en un entorno netamente cristiano. Nosotros, como pastores, hemos trabajado (y lo seguimos haciendo) de manera incansable en el ministerio. Esto significa, entre otras muchas cosas, dedicar cada domingo al servicio del Señor, tener innumerables reuniones de consejería personal y matrimonial, enseñanzas de cursos, conferencias nacionales e internacionales, y un largo etcétera.

¿Qué ha sido lo que han visto mis hijos en todo este tiempo con respecto al matrimonio? Primero, dos personas que han respetado en todo tiempo el pacto que hicieron delante de Dios, y que en función a ese pacto han cumplido con el encargo de restaurar a muchas familias. Segundo, y esto es lo más importante, que la presencia de Dios de manera permanente, prospera todos (ojo con la palabra "todos") nuestros caminos.

¡Esto es participar amorosamente en la elección de la persona ideal para los hijos! Usted no necesita grandes discursos. Usted necesita ser un modelo inspirador. Por eso le decimos las cosas claras: cuide su matrimonio, sea un verdadero hombre y ame a su esposa como es debido. Y usted, mujer de Dios, honre y respete a su esposo. Permítame utilizar una expresión un poco dura, pero muy conveniente en este momento: ¡No sean necios! Aprendan a construir un modelo basado en lo que Dios quiere para sus hijos y para ustedes.

Nuestra vida influyó en la manera de percibir el matrimonio para nuestros hijos. Por lo tanto, no es difícil para Paz, Fe y Juan Guillermo dibujar la imagen de la persona con quien compartirán toda su vida. Esa persona tiene que ser reflejo de todo lo que han visto. Para resumirlo, buscarán el reflejo de lo que han sido sus papás como personas, como padres, como pastores. Es un ciclo de vida natural, pero desafortunadamente, en esa naturalidad también pasa exactamente lo contrario.

Lo terrible del reflejo familiar

¿A qué nos referimos con "lo contrario"? A los modelos retorcidos de matrimonio a los que innumerables niños y jóvenes se ven expuestos a diario. Gritos, insultos, peleas y violencia familiar en todas sus formas es el menú de todos los días en la vida de muchas familias. Y los padres de esas familias... ¡de esta manera también participan indirectamente en la elección del cónyuge de sus hijos!

Esa convivencia con todo tipo de violencia en el interior del hogar inevitablemente nos familiariza con todo ello. Por lo tanto, si lo vivimos a diario, termina siendo el estándar de vida para nosotros. ¿Qué clase de matrimonio cree usted que tendrá esta generación que crece inmersa en esta dura realidad? ¿Antes de casarse estos muchachos pensarán en qué significa "amar como es debido" a una mujer? ¿Las jovencitas pensarán en algún momento qué significa honrar y respetar al esposo? Es seguro que no.

Hay una cosa más que debemos considerar: el modelo de familia que presentan los medios de comunicación. La televisión está plagada de series, telenovelas y películas que presentan familias disfuncionales y perversas, donde la traición y el engaño no faltan en las relaciones conyugales. Este modelo cala muy hondo en los espectadores, y se va adhiriendo en el inconsciente colectivo. La percepción de la familia poco a poco se ha ido alejando del hermoso diseño original de Dios, y va tomando un cariz pérfido.

¡Pero la realidad supera a la ficción! Este alejamiento del diseño original de la familia por parte de los medios encuentra la más exagerada perfidia en la vida diaria. Solo basta ver el noticiero para ver la impresionante cantidad de violencia familiar que llega a límites inimaginables a través de los crímenes más execrables. Hombres y mujeres que alguna vez prometieron amar, cuidar y respetar en las buenas y en las malas, deshonraron esa promesa hecha delante de Dios. Claro, esta es la cara más trágica de esta promesa incumplida. Sin embargo, día a día también se deshonra este pacto a través de la falta de respeto y el desamor que prodigamos todos los días.

Nunca ha sido tan necesario como ahora levantar un estándar de familia que se erija sobre valores que desde siempre han construido familias fuertes: respeto, amor, paciencia, benignidad, templanza y mansedumbre. Todos estos valores los hemos conseguido a través de nuestra herencia judeo cristiana. Son valores que los hemos visto rutilar en la vida de José y María. Son valores que, como veremos, necesitamos urgentemente en estos días.

¡Yo quiero un José para Paz, yo quiero un José para Fe, yo quiero una María para Juan Guillermo!

3

ELLAS ESTÁN LLAMADAS A SER AMADAS, CUIDADAS Y VALORADAS

Es un trabajo de siembra y cosecha

E spero que en su hogar usted esté impartiendo un modelo de familia que inspire y ayude a sus hijos a saber qué es lo que significa el matrimonio, y qué significa una elección sana del futuro cónyuge. Como ve, usted es de gran influencia en esta elección.

Actualmente, nuestras hijas tienen 25 y 24 años, e inevitablemente nosotros, como padres, ya hemos pensado (y ha sido un poco más de una vez... bueno, quizás dos... o tres...) en cómo nos gustaría que sea el hombre que se case con ellas.

Hemos buscado en nuestro almacén de conceptos que hemos venido impartiendo a lo largo de todo este tiempo a miles de familias, y fue inevitable pensar en tres cosas básicas que son el nutriente de toda mujer, y que todo hombre está en la obligación de darle a su esposa:

Amor, cuidado y valoración.

Sin duda, tal como lo mencionamos en la introducción del libro, todo lo que el hombre sembrare, eso cosechará. Detengámonos ahora a analizar la extraordinaria influencia de la siembra de amor, cuidado y valoración en una mujer. ¿Qué le parece si nos detenemos un poco en cada uno de estos tres fundamentales nutrientes, y desmenuzamos un poco cada uno de estos términos? ¡Hemos oído hablar tanto de ellos, y a veces ni siquiera sabemos lo que en verdad significan!

Mi hija y mi futuro yerno… ¿saben lo que es el amor?

Esto es fundamental: conocer el amor para vivirlo y después darlo. Si usted conoce el verdadero significado del amor, y si usted, de acuerdo con este conocimiento, vive correctamente en amor, estará en la capacidad de brindarlo. El amor es un llamado, una forma de vivir, una decisión que se renueva día a día. Es fundamental que el hombre entienda esto antes de casarse.

No es un descubrimiento reciente saber que las expresiones de amor siempre serán más necesarias para la esposa que para el esposo. ¡Es una necesidad natural de toda mujer! Todo lo relacionado con gestos de cariño, detalles, fechas, señales de cortesía, y aquello que signifique expresiones de amor, es un verdadero combustible para la vida de las mujeres.

> EL AMOR ES UN LLAMADO, UNA FORMA DE VIVIR, UNA DECISIÓN QUE SE RENUEVA DÍA A DÍA.

Puedo imaginarme al pretendiente de mi hija abriéndole la puerta del auto cortésmente. Puedo imaginarlo apartándole la silla a la hora de sentarse a comer. Puedo imaginarlo recordando cada una de las fechas importantes y comprando un detalle, para hacerle saber a mi hija que ella es lo más importante para él.

He sembrado en mis hijas, a lo largo de los años, muchas semillas en cuanto al estándar de hombría que debe tener un verdadero caballero. Cada padre de una hermosa princesa tiene que trabajar duro, en espíritu, alma y cuerpo, para reflejar el estándar de hombre que sus hijas anhelen. Por eso aún puedo recordar un extraordinario consejo que me dieron hace mucho tiempo con respecto a este tema. Me gustaría compartirlo con usted, y que lo atesore de la misma manera como yo lo hice. Por cierto, este consejo está dirigido especialmente a los papás de niñas pequeñas.

El día en que su hija cumpla ocho o nueve años (quizás menos, la edad la decide usted) piense que una mujer está en ciernes. Es el momento preciso para que usted, semanal, quincenalmente, o con la frecuencia que usted vea conveniente, pueda reafirmar su compromiso de amarla, cuidarla y valorarla. Planee una cena donde usted se vista como para una salida especial, y que ella haga lo mismo. Vaya a buscarla con un hermoso ramo de flores. Luego ofrézcale su brazo para que ella se prenda de él. Acto seguido, ábrale la puerta del auto, espere a que entre, y luego cierre la puerta despacio. Cuando lleguen al restaurante, no deje de apartarle la silla en el momento que ella se sienta, y tampoco deje de ponerse de pie cada vez que ella, por alguna razón, se pare de la silla.

En esa cita, converse con ella de todas aquellas cosas que ella encuentra interesantes, aunque se trate de *Barbies*, princesas o de cualquier mundo surreal en el que toda niña vive a diario. También sonría, ¡y de ninguna manera se permita mirar el reloj o hacer cualquier gesto que denote algo de prisa o de falta de atención! Por cierto, algo que siempre funciona y combina muy bien con un momento como este, es desconectar dispositivos como celulares, tabletas o cualquier cosa que interrumpa el hermoso tiempo padre-hija.

Ese día recuerde buscar el momento adecuado para entregarle un regalo más, que puede ser un gran oso de peluche o una pequeña joya.

A partir de esa primera cita, no deje de salir con ella, como dijimos, con la frecuencia que usted vea conveniente. Las flores, los presentes, los detalles y la reafirmación del amor a través de las palabras, no deben faltar. De esta manera lo que usted estará haciendo es mostrarle a su hija lo que significa ser un caballero. ¿Para qué? Muy sencillo: créame que después de esto, y cuando le llegue la edad, ella no se dejará impresionar por cualquier persona que le diga algunas palabras bonitas o que le regale algún romántico detalle ¡Eso ya lo hizo papá!

¿Qué le pareció? Yo me quedé fascinado con este consejo, así que lo apliqué diligentemente, y hoy por hoy estoy cosechando los resultados de la semilla sembrada. Paz y Fe tienen muy claro qué es ser un genuino caballero, pero también saben qué es querer parecerlo cuando alguien no lo es.

> ES IMPORTANTE QUE SU HIJA TENGA CLAROS LOS ESTÁNDARES DE CABALLEROSIDAD Y HOMBRÍA. SEA USTED ESE EJEMPLO.

La edad en que usted puede empezar a instaurar este estilo de vida puede variar. Se lo dejo en sus manos. Ahora, si su hija ya es una señorita y usted está pensando "¡cómo no me llegó este consejo mucho antes!", no se desanime. Cualquier momento es bueno para establecer en casa una cultura de bendición. Empiece ahora, siembre, sea paciente. Una semilla de amor siempre es bien recibida en el corazón de una mujer. Para que sus anhelos de encontrar ese yerno amoroso se hagan realidad, es importante que su hija también tenga claros los estándares de caballerosidad y hombría. Sea usted ese ejemplo.

La Palabra de Dios insiste en que usted ame a su esposa

En la parte final del capítulo 5, en su carta a los efesios, Pablo, haciendo un símil con la relación Cristo-Iglesia, persuade y anima al hombre a amar a su esposa.

> *Para los maridos, eso significa:* **ame** *cada uno a su esposa tal como Cristo amó a la iglesia* (Efesios 5:25 NTV).

El consejo fue claro, directo y sin rodeos. Eso no se quedó allí, ya que algunas líneas más adelante, Pablo vuelve a la carga, esta vez haciendo un símil con el amor que cada uno debe tener a su propio cuerpo.

> *De la misma manera, el marido debe* **amar** *a su esposa como ama a su propio cuerpo* (Efesios 5:28 NTV).

Dos veces seguidas Pablo da al hombre el inmortal consejo de amar a su esposa. Es un hecho que esto no es casualidad. Era pertinente, sobre todo necesario, que todo hombre sepa lo fundamental que es amar a la esposa, y Pablo lo entendió así. ¡Por eso la insistencia!

Sin embargo, dos veces no era suficiente. El apóstol sabía que los hombres son menos permeables que las mujeres al recibir una instrucción (o, en este caso, un mandato), así que no entró en rodeos, y unos versículos más adelante, selló su enseñanza diciendo lo siguiente:

> Por eso les repito: cada hombre debe **amar** a su esposa como se ama a sí mismo (Efesios 5:33 NTV).

¡Tres veces dijo lo mismo! Y notemos que empieza diciendo *"por eso les repito"*. En cambio, en todo este segmento donde le habla a los matrimonios, al dirigirse a ellas, solo una vez le da una indicación a las esposas: *"Y la esposa debe **respetar** a su marido"* (al final del versículo 33). ¡Solo una vez! Definitivamente al ser tan enfático en un tema, lo que quiere Pablo es demostrarnos lo importante que es para ellas sentirse amadas.

REAFIRMAR EL AMOR CADA DÍA ES UN NUTRIENTE QUE LAS ESPOSAS VAN A NECESITAR SIEMPRE.

El amor está hecho de detalles, y los detalles son personas. Reafirmar el amor cada día es un nutriente que las esposas van a necesitar siempre. Un chocolate, una tarjeta, unas flores o cualquier detalle que evidencie su interés como esposo será una semilla que de todas maneras traerá fruto.

Si es importante un detalle, imaginémonos cuánto más puede serlo una palabra de bendición para ellas. Bendecir, como lo vimos en nuestro libro *¡Bendíceme también a mí, padre mío!*, es "dar poder para prosperar"; y los hombres, a través de palabras reafirmadoras, tienen ese inmenso poder para que le vaya bien a la mujer que lo acompaña.

¿Ya podemos perfilar lo amoroso que debe ser el yerno que aspire a cuidar a nuestra princesa? Claro que sí. Al haber visto el significado del amor, y el admirable amor de José hacia María, el panorama se aclara. Este amor puro, incondicional, que no busca nada a cambio, ese gran amor que vimos irradiar a José marcará de forma indeleble la vida de mis hijas, igual que marcó la vida de María. Por eso quiero un José para Paz. Por eso quiero un José para Fe.

Amor y cuidado… entiendo lo del amor, pero… ¿cuidado?

El yerno que quiero para mi hija debe entender perfectamente lo que significa la palabra "cuidado". Así que facilitemos las cosas y busquemos en el Diccionario de la Lengua Española lo que significa esta palabra:

Cuidar: Asistir, guardar, conservar[1]

Un verdadero hombre sabe cuidar a una mujer, sabe asistirla en los momentos difíciles, guardarla de todo mal, y conservarla en un permanente estado de bienestar. El cuidado es un nutriente fundamental para que una mujer no solo sobreviva, sino también florezca.

Si nos encargaran cuidar una linda planta, ¿qué es lo que haríamos para que florezca? Indudablemente, echarle los nutrientes que necesita. Estos son agua, algunas vitaminas especiales para plantas y, por supuesto, permitiríamos que le dé regularmente el sol.

> NO TIENE SENTIDO QUE UN HOMBRE HAGA CON UNA MUJER LO QUE A ÉL LE APETECE; ÉL TIENE QUE HACER LO QUE ELLA NECESITA.

Yo no voy a echarle lo que yo quiero, o lo que a mí me gusta. Yo tengo que darle a la plantita lo que ella necesita para florecer. Imagínese usted que, en función a sus gustos, usted la riegue con un costoso perfume, o de vez en cuando la quiera nutrir con un finísimo y costoso café molido, ¿tiene sentido? Por supuesto que no. Así mismo, no tiene sentido que un hombre haga con una mujer lo que a él le apetece; él tiene que hacer lo que ella necesita. Y, como ya dijimos, ellas necesitan ser amadas, cuidadas y valoradas.

Valorar es amar

Este tercer ingrediente, la valoración, es el complemento perfecto para la infalible receta que nutre a toda mujer. El Diccionario de la Lengua Española define valorar como "reconocer, estimar o apreciar el valor o mérito de alguien algo". Valoramos esencialmente con nuestras palabras, cuando apreciamos y ponemos en relieve las cosas buenas de las personas.

La falta de valoración tiene consecuencias terribles en la vida de una mujer. Lamentablemente es una historia conocida que muchas mujeres en sus matrimonios viven moralmente pisoteadas, sin recibir un solo vestigio de reconocimiento por lo que son y por lo que hacen. ¿Y a dónde van estos hogares, llenos de mujeres heridas espiritualmente? Directamente a formar familias inestables, con hijos que no recibirán la valoración que sus madres tampoco pudieron recibir.

> UN YERNO QUE ES UN VERDADERO HOMBRE SABE VALORAR A LA MUJER QUE AMA.

Por eso, el esposo que quiero para mi hija será una persona que siempre tendrá en sus labios una palabra de bendición para mi hija. Él sabrá apreciar sus cualidades, y hará rebosar de alegría su corazón, porque la tendrá en alta estima. Un yerno que es un verdadero hombre sabe valorar a la mujer que ama, tal como lo hizo José. ¿O usted cree que la increíble historia de las peripecias por las que pasó José, podría sostenerse si él no hubiera valorado a María? Claro que no. Porque José la valoró, la cuidó.

Cuidamos lo que valoramos

Hoy por hoy las personas cuidan y valoran en gran medida sus pertenencias. Sin ir muy lejos, y tomando como ejemplo la vida cotidiana, podemos ver cómo los famosos *smartphones* son un tesoro para sus dueños. ¡Y vaya que muchos, por su valor monetario, llegan a ser un tesoro!

Hablemos con la verdad; a veces sentimos que no podemos estar sin el teléfono. Si usted me dice: "Nooooo... yo no tengo problema en dejarlo", o algo parecido, lo reto a que decida pasar un día sin su *smartphone*. ¡Se sentirá desconectado del mundo! Pero, ojo, que aquí solo estamos explorando el lado conectivo del teléfono; para nuestro tema, veamos también el lado del valor mismo del aparato. Estamos tan afanosos con la vida moderna que no dudamos en invertir al menos 500 dólares para tener el más inteligente de todos los teléfonos inteligentes (claro, seguro que usted no invirtió eso, sino unos 490 dólares).

Pero permítame un escenario ciertamente "trágico". ¿Se imagina qué pasaría si se entera que dejó esta maravilla tecnológica en el baño de algún restaurant y han pasado algunas horas de ello? Elija la alternativa correcta a la pregunta. Es válido marcar más de una.

a) Usted suda frío.

b) Busca de la manera más presurosa el número del restaurant, para llamar y preguntar por el teléfono.

c) Busca su carro y, más veloz que el auto de la película *Volver al Futuro*, emprende el viaje al restaurant.

d) Llama al operador, y bloquea el aparato.

e) Todas las anteriores.

Así es como nos preocupamos por nuestro aparatito. Podemos añadir que mientras lo tenemos, nuestro cuidado incluye que no se raye la pantalla, que no se caiga, que no le instalen aplicaciones innecesarias, que siempre esté con la batería cargada, y una larga lista de cuidados que nos salen por los poros y de la manera más natural.

Si hasta acá se preguntó qué hacemos hablando de *smartphones* en medio de un libro de yernos y nueras, le recordamos dónde hicimos el desvío: hablábamos de valoración, y de cómo apreciamos tremendamente nuestras posesiones.

¿Se da cuenta de la franca valoración que ejercemos en este caso? Pues salvando las distancias entre la suprema creación (que es una mujer) y un teléfono, los hombres deberían pensar en cómo valoran a las mujeres. Querido lector, esto fue solo para ilustrar el tema de la valoración. No se incomode ni piense que estamos haciendo comparaciones insensatas.

Sin duda este ejercicio nos ha servido para ver cuál es nuestra reacción cuando queremos cuidar algo que valoramos, y esperamos que le sirva para empezar a pensar en qué es lo que realmente significa valorar a una mujer.

Simón de Cirene, una historia oculta

"La Biblia es un libro de claridad sencilla, pero también de misterio intencional. Ambos son aspectos indispensables de lo maravilloso". –Ravi Zacharias

La Biblia guarda revelaciones maravillosas, pero estas solo están disponibles cuando usted y yo decidimos sumergirnos en la Palabra con el corazón dispuesto a escuchar. Le voy a dar un extraordinario ejemplo. ¿Ha oído hablar de Simón de Cirene? Seguro que sí; y de hecho, lo relaciona con una experiencia conocida e inapreciable junto a Jesús. Pero si usted no ha leído esa parte de las escrituras, le cuento que Simón de Cirene tuvo la tremenda tarea de ayudar a Cristo a cargar la cruz.

Cuentan las Escrituras que Jesús fue llevado por los soldados dentro del pretorio, es decir, dentro del palacio. Allí el episodio es muy triste, como usted sabe. Toda la cohorte romana fue convocada. Había muchísimas personas junto a Jesús en este aciago momento. Cuando digo "muchísimas", en verdad era una ingente cantidad. Solo para su información, la cohorte era una unidad militar romana compuesta de varias centurias. Sumergiéndonos un poco más en el significado de cada palabra, "centuria" era una compañía del ejército de la antigua Roma compuesta por cien soldados. Así que simplemente el lugar estaba atiborrado de soldados romanos.

Lo que le pasó a nuestro Señor Jesucristo se lo dejamos a través de las mismas palabras de Marcos.

> *Le vistieron de púrpura, y después de tejer una corona de espinas, se la pusieron; y comenzaron a vitorearle: ¡Salve, Rey de los judíos! Le golpeaban la cabeza con una caña y le escupían, y poniéndose de rodillas le hacían reverencias. Y después de haberse burlado de Él, le quitaron la púrpura, le pusieron sus ropas y le sacaron para crucificarle (Marcos 15:17-20).*

¿Cómo lo ve? Realmente es terrible. Pero también estoy seguro que a usted le pasa lo mismo que a mí. Volver a revisar un episodio como este sin duda nos hace volver a valorar el sacrificio que Jesucristo hizo por nosotros. Hasta aquí quizás usted se pregunte, ¿no estábamos hablando del yerno ideal? Así es. Y como queremos presentarle la figura de Simón de Cirene, era necesario que notemos en qué circunstancias entró a tallar la figura de este hombre. Eso nos permitirá dimensionarlo de la forma correcta.

Veamos el versículo siguiente para saber algo más de Simón de Cirene.

> *Y obligaron a uno que pasaba y que venía del campo, Simón de Cirene, el padre de Alejandro y Rufo, a que llevara la cruz de Jesús* (Marcos 15:21).

Ya sabemos algo más: Simón de Cirene era padre de familia. Este hombre que circunstancialmente pasaba por allí, ya que venía del campo como lo indica Marcos, y que tuvo un encuentro sin igual con Jesús, dice la Biblia que tenía una familia. Es decir, ¡era yerno de alguien! Aunque no se puede saber nada más, existe otro pasaje que nos puede revelar un poco más acerca de este personaje:

> *Saludad a Rufo, escogido en el Señor, también a su madre y mía* (Romanos 16:13).

Este versículo, ubicado en la última parte de la carta del apóstol a los Romanos, revela más que un simple saludo. Como vemos, Pablo termina enviando saludos a la madre de Rufo. ¿Recuerda usted quién era Rufo? ¡Bingo! Uno de los hijos de Simón de Cirene. Pero Pablo no solo la saluda, sino también menciona *"también a su madre y mía"*. Los exégetas y la misma tradición cristiana infieren que la madre de Rufo (esposa de Simón de Cirene) fue como una verdadera madre para Pablo cuando este fue abandonado por todos al abrazar la causa del evangelio.

Siendo esto así, la figura de Simón de Cirene es importante, ya que es muy probable que él haya alentado a su esposa para "adoptar" a Pablo cuando nadie quería saber nada de este perseguidor de judíos que, finalmente, sería un gran apóstol. Su misión como esposo, como vemos, fue importante junto a su esposa, para ser parte de este hermoso plan que Dios tuvo al escoger a Pablo para extender Su reino de una manera impresionante.

Esta historia casi oculta de Simón de Cirene no es vista por el grueso de la gente que lee la Biblia, y eso es por algo muy sencillo: su aparición providencial en el episodio de la pasión de Jesús lo marcó para siempre, e hizo que su nombre quedara escrito en el libro de libros. Justo en el momento en que a nuestro Salvador, literalmente apaleado en su humanidad, no le quedaban más energías para cargar su pesada cruz, este hombre aparece gracias a los designios de Dios para darle un respiro a Jesús, que no podía ni siquiera estar de pie.

Simón de Cirene supo también lo que era ponerse en los zapatos del otro. Sin otro objetivo que aliviar la tragedia de un hombre herido, tomó el lugar de Jesús, e hizo posible que se cumplieran una a una las profecías sobre el hijo de Dios.

Yo quiero para mis hijas alguien como Simón de Cirene. Alguien que no dude en ser instrumento de bendición para otros y que, llano a obedecer la voz de Dios, sea parte importante en el cumplimiento de los propósitos de Dios para otros, tal como lo hizo José. Alguien que vea que su sacrificio hace que mis hijas avancen en el reino, directo hacia los que Dios quiere.

Yo quiero un yerno como Simón, que sepa tomar una pesada cruz en el momento oportuno, y que comprenda que no hay mayor amor que dar la vida por el otro; que no hay mayor amor que dar la vida por su esposa, en este caso, mi hija.

> QUIERO UN YERNO QUE COMPRENDA QUE NO HAY MAYOR AMOR QUE DAR LA VIDA POR SU ESPOSA.

Simón de Cirene, hoy que sé algo más de ti, de mi corazón brota admiración. José y tú son mis nuevos héroes.

Pablo... ¡hubieras sido el yerno ideal!

La Biblia está llena de historias admirables, y de hombres que han tenido un fulgor extraordinario. Muchos de ellos pueden ser excelentes ejemplos a seguir para ser un buen esposo y, consecuentemente, un buen yerno. Empezamos con José y su portentosa figura, y seguimos con Simón de Cirene, alguien cuya aparición en las Escrituras es breve, pero que guarda una riqueza extraordinaria, como hemos podido comprobar.

Para seguir hablando del perfil de un buen yerno, recurramos a la figura del soltero más famoso de la Biblia: Pablo de Tarso. Así es; de un conocido soltero sacaremos un valioso perfil del yerno que usted y yo queremos para nuestras hijas. Veamos a este personaje desde el perfil del que jamás se le conocerá: un extraordinario yerno.

Usted quizás conozca la historia de Pablo: hijo de hebreos, descendiente de la tribu de Benjamín, pero también ciudadano romano. Es extremadamente importante mencionar que Pablo era... ¡un salvaje total! Pablo era un implacable perseguidor de los primeros cristianos que luchaban denodadamente por esparcir el mensaje de Jesús de Nazaret. Existe un versículo muy claro respecto a esta "pasión" de Pablo por los primeros creyentes:

> *Pero Saulo hacía estragos en la iglesia entrando de casa en casa, y arrastrando a hombres y mujeres, los echaba en la cárcel* (Hechos 8:3).

Ojo con el versículo, porque dice que entraba de casa en casa *"arrastrando hombres y mujeres"*. Eso era literal. Así de cruel era este hombre, así era su vida, pero un buen día recibió un llamado que no pudo esquivar.

> *Y sucedió que mientras viajaba, al acercarse a Damasco, de repente resplandeció en su derredor una luz del cielo; y al caer a tierra, oyó una voz que le decía:* Saulo, Saulo, ¿por qué me persigues? *Y él dijo:* ¿Quién eres, Señor? *Y Él respondió:* Yo soy Jesús a quien tú persigues; levántate, entra en la ciudad, y se te dirá lo que debes hacer (Hechos 9:3-6).

A partir de ese momento todo cambió diametralmente para Pablo, y su vida dio un giro que sorprendería tanto a judíos como a romanos. Dios lo tocó de una manera excepcional, y de ser perseguidor de infames cristianos (este poco amigable término lo puse yo, no se incomode, es para ilustrar lo que Pablo pensaba en ese momento), pasó a ser el principal portavoz del Evangelio, y aun el escritor de la mayoría de los libros que conforman el Nuevo Testamento.

La revelación que Pablo obtuvo después de su encuentro con Jesús lo llevó a niveles más altos de sabiduría y comprensión de la dinámica familiar. Sus mandatos de parte de Dios, dados en sus cartas a diferentes ciudades, han sido y siguen siendo el sostén espiritual de millones de familias. ¡Y la tradición cristiana nos dice que Pablo permaneció célibe toda su vida!

Pablo... ¡qué yerno hubieras sido! Por eso yo quiero un Pablo para mis hijàs. Una persona que, transformada por un toque extraordinario de Dios, capte la esencia del Evangelio y lo lleve a todo lugar, aun a costa del riesgo que esto implicaría.

Quiero que usted entienda plenamente esta declaración de mi parte. Por eso permítame ilustrarle, a través de las Escrituras, algo de lo que Pablo tuvo que soportar con entereza para llevar el mensaje de Cristo.

> *Cinco veces he recibido de los judíos treinta y nueve azotes. Tres veces he sido golpeado con varas, una vez fui apedreado, tres veces naufragué, y he pasado una noche y un día en lo profundo. Con frecuencia en viajes, en peligros de ríos, peligros de salteadores, peligros de mis compatriotas, peligros de los gentiles, peligros en la ciudad, peligros en el desierto, peligros en el mar, peligros entre falsos hermanos; en trabajos y fatigas, en muchas noches de desvelo, en hambre*

y sed, a menudo sin comida, en frío y desnudez (2 Corintios 11:24-27).

Después de esto no podía dejar de preguntarme si algún pretendiente de mis hijas aguantaría estoicamente cinco jornadas de treinta y nueve azotes como requisito indispensable para permitirle cortejarla.

Eso fue una broma, un poco de humor para matizarlo con un tema tan importante como el autosacrificio para conseguir un propósito elevado. Es obvio que en estos tiempos no estamos expuestos a azotes, apedreamientos o naufragios, pero sí estamos llamados a dejar la cómoda posición de la autocomplacencia para buscar el bienestar de nuestro cónyuge.

¡Así quiero a mi yerno! Con un entendimiento que le permita avanzar más allá de lo que el mundo actual le dice. Porque, claro, esta posmodernidad nos deja un confuso panorama que no nos deja ver muy bien lo bueno y lo malo. Sin embargo mi yerno, al igual que Pablo, y al igual que José, tiene que ser un entendido de su tiempo, y marcar la diferencia. ¿Se imagina usted que la historia que

> ESTAMOS LLAMADOS A DEJAR LA CÓMODA POSICIÓN DE LA AUTOCOMPLACENCIA PARA BUSCAR EL BIENESTAR DE NUESTRO CÓNYUGE.

le conté al inicio fuera diferente? ¿Se imagina a José levantándose, después de ver al ángel en sueños, y huyendo de su noble llamado? Claro que no. Es imposible.

José pudo mantener en el espíritu y en la mente una claridad impresionante. Esto le permitió pensar con lucidez ante el primer y profundo impacto que le provocó la noticia del embarazo de María. ¡Cómo no! ¿Qué dice usted de la capacidad de José para la renuncia personal, al momento de "comprarse el problema" de María? Sin duda, no podemos dejar de mencionar la gran revelación de amor que este gran hombre de Dios tuvo al darle la cobertura que María necesitaba.

Me impresiona cómo las características de José como hombre de Dios fueron reproducidas por estos dos personajes que analizamos en este capítulo. La disposición absoluta de Simón de Cirene para dar vida a otros, y la completa disposición, así como el gran entendimiento de Pablo, fueron un sello en la vida de José. Deberían ser cualidades que usted y yo encontremos en el esposo que queremos para nuestra hija.

¡Qué lástima que a través de un libro usted no pueda verme maravillado, y dando un suspiro de admiración por este hombre que rebasó los límites que muchos hombres se ponen! Es así como estoy: asombrado y expectante por lo que viene para mi descendencia.

¡Yo quiero un José para Paz, quiero un José para Fe!

4

ELLOS ESTÁN LLAMADOS A SER HONRADOS, RESPETADOS Y ADMIRADOS

Mi nuera "no era" lo que yo quería para mi hijo

Esta universal queja es una de las más conocidas. Mamás terriblemente preocupadas por el futuro de sus amadísimos retoños, no hacen más que decir: "No era lo que yo quería para mi hijo". Queridos lectores, no se preocupen, no estamos generalizando. Conocemos mamás absolutamente satisfechas con la nuera (que, entonces, "sí era..."). Sin embargo, volviendo a la famosa frase "no era lo que yo quería para mi hijo", suele pasar que esta insatisfacción que nace, luego crece, se reproduce, ¡y nunca muere!

Soy mamá, y desde que nació mi tercer hijo, el primer y único varón que tengo, las cosas nunca volvieron a ser iguales.

Juan Guillermo es mi deleite. Verlo crecer ha sido una experiencia que transformó por completo mi vida, mi manera de pensar, y mis planes a futuro.

Yo sé que en algún momento de mi vida, una mujer me llamará suegra. ¿Y saben? Me fascina pensar en eso. Hemos hablado y aconsejado a los matrimonios tantos años que no es difícil perfilar el tipo de mujer que el esposo necesita para ser feliz. Incluso llegué a escribir un libro titulado *Cómo hacer feliz al esposo*, donde pude reunir amplia información y experiencias acumuladas a lo largo de muchos años. Por todo esto siento que estoy en el deber de asistir amorosamente a mi hijo en la elección de la compañera que lo acompañará toda su vida.

Si con este comentario usted tiene ganas de decirme: "Pero... Milagros... ¿Eso no hará las cosas un poco más difíciles para Juan Guillermo?", mi respuesta es "no". En un capítulo anterior comentábamos lo importante que es la amorosa participación de los padres en el proceso del cortejo, y la consecuente elección del cónyuge. Tomar a los padres en cuenta (y que estos participen de forma moderada) es sano, y trae bendición a la relación.

Volvamos a nuestro tema y cerremos esta parte, que tiene que ver solo con la suegra (y de ellas no es este libro). Amada mujer de Dios, lo cierto es que no habrá nadie que haga las cosas como usted con respecto a su príncipe. La esposa de su hijo no le hablará igual, no le cocinará igual, ni lo atenderá igual. Si le plancha las camisas, ¡tampoco será igual! Y al guardar la ropa en los cajones, ¡no hará las pelotitas de medias con la perfección que usted lo hacía!

Eso fue una exageración, pero creo que usted ha podido entender cuál es el punto: usted debe ser sabia al momento de escudriñar las cualidades de su nuera. Las buenas relaciones entre suegros y nuera no solo dependen de qué tan eficaz sea la nuera en la atención a su esposo; depende también de la mirada escrutadora de los amados suegros. Lo repetimos: hay que ser sabios.

Ahora demos paso a algo que resulta fundamental a la hora de hablar de la esposa que queremos para nuestro hijo, y son las tres cosas fundamentales que el hombre necesita (y siempre necesitará) de una mujer.

Así como lo vimos para nuestras hijas, buscando en nuestro almacén de conceptos que hemos venido impartiendo a lo largo de los años, también resultó inevitable pensar en tres cosas básicas que son el combustible para cada hombre, y que toda mujer está en la obligación de darle a su esposo:

Honra, respeto y admiración

Vamos a ver de qué se trata todo esto.

¿Tan importante es la honra para él?

> DEMOSTRAMOS HONRA HACIA LOS DEMÁS CUANDO BRINDAMOS ESTIMA O RESPETO DE LA DIGNIDAD PROPIA.

Es muy importante. Demostramos honra hacia los demás cuando brindamos (como lo dice la definición académica) estima o respeto de la dignidad propia. Por ejemplo, una cosa es que en un momento determinado la mujer le diga a su esposo (y de manera muy respetuosa): "Eso que hiciste no está bien", y otra cosa muy diferente es que la mujer vocifere: "¡No vales nada!" o "¡Eres la persona más torpe que conozco!".

¿Usted quisiera que eso sea el pan de cada día en la casa de su príncipe? Por supuesto que no. Por eso urge ahora más que nunca seguir el consejo que el Señor nos da a través del apóstol Pablo:

> *Ámense unos a otros con un afecto genuino y deléitense en honrarse mutuamente* (Romanos 12:10 NTV).

El amor siempre desata honra. Una mujer que afronta el reto de casarse debe deleitarse honrando a su esposo. Tiene que ser una práctica cotidiana en el matrimonio. Uno honra a la persona que ama, admira y respeta. ¡Qué deleite más beneficioso para el matrimonio es decirle a su cónyuge:

"Sabes, lo que hiciste estuvo espectacular…", "La forma en que encaraste esa situación con nuestros hijos fue fabulosa" o "Aprecio enormemente lo que haces"!. Puedo imaginar a mi hijo comiendo de este pan cada día en el interior de su nueva familia.

Las palabras determinan la vida de un matrimonio; y el poder de las palabras de la esposa es una poderosa arma que puede hacer del matrimonio lo más parecido al cielo, o lo más cercano al infierno. Es duro oírlo, pero es verdad. ¿Recuerda usted la última ocasión en que hizo cosas que nunca debió hacer o dijo cosas que nunca debió decir? Lamentablemente tenemos una cultura de maldición a flor de piel. Por eso, el primer paso que debe tomar la esposa que yo quiero para mi hijo, y de forma inmediata, es transformar esa cultura de maldición en una cultura de bendición.

> EL PODER DE LAS PALABRAS DE LA ESPOSA ES UNA PODEROSA ARMA QUE PUEDE HACER DEL MATRIMONIO LO MÁS PARECIDO AL CIELO, O LO MÁS CERCANO AL INFIERNO.

Nuestros hijos siempre están observándonos atentamente, aún más de lo que nosotros nos imaginamos. Las semillas de honra que ellos tengan guardadas inevitablemente serán las que saquen de su alforja. Cuando ellos nos ven desatar honra entre nosotros, ellos también aprenden a honrar. Es muy difícil que encontremos a alguien que nos pueda decir: "Mis hijos me salieron con una capacidad innata e increíble para honrar a los demás". Usted es quien hace que el agradecimiento y la honra sean parte de su familia. Sus hijos no cosecharán en su matrimonio del árbol que usted jamás ha plantado.

> USTED ES QUIEN HACE QUE EL AGRADECIMIENTO Y LA HONRA SEAN PARTE DE SU FAMILIA.

Para hablar de nuestro hijo y la honra que necesitará cuando se case, hablemos un poco de la figura del papá a través de los tiempos. ¿Recuerda usted el lugar preponderante que antes solía tener el papá en la casa? ¿Recuerda todos los gestos de honra que toda la familia tenía hacia el hombre de la casa? Los que tenemos arriba de 40 años hemos crecido en una cultura muy especial, donde el papá tenía el lugar preferencial en la mesa. Crecimos viendo cómo el plato que se le servía a papá era más grande, y con una porción de comida más grande que la del resto de la familia. Es curioso, pero hasta los cubiertos de papá eran más grandes.

Esa es la honra natural que podíamos ver antes. Es la honra con la que hemos crecido y por lo tanto, es la que aprendimos. Sin embargo, esta era posmoderna, donde lo que prima es la satisfacción del yo, nos está robando este gran poder que tiene la honra, y está formando familias que crecen sin palabras de agradecimiento y sin gestos que denoten cuánto nos amamos (y ni siquiera quiero hablar sobre la influencia de los *smartphones* y las redes sociales en esto). El enemigo nos está robando la honra hacia el padre, ¿y sabe usted por qué? Pues porque la cobertura de la familia es el papá.

Algunos principios básicos en cuanto a la honra

1. El más beneficiado es el que da la honra, no el que la recibe.

Muchas veces hemos pensado que estamos cediendo terreno cuando constantemente damos honra y agradecimiento, y que tenemos que medir cuidadosamente la gratitud que le damos a la otra persona. Esa mezquindad lo único que nos trae es maldición, y nos quita la oportunidad de acercarnos más a los demás.

La Palabra de Dios en el libro de Efesios 6: 2-3 dice:

> *Honra a tu padre y a tu madre (que es el primer mandamiento con promesa), para que te vaya bien y para que tengas larga vida sobre la tierra.*

La honra es la combinación de dos valores poco promovidos en nuestra sociedad: humildad y gratitud. Con estos valores yo reconozco la valía que tiene la otra persona. Es imposible dar honra si usted no tiene estos dos elementos en el corazón, y si no los da con generosidad.

> LA HONRA ES LA COMBINACIÓN DE DOS VALORES: HUMILDAD Y GRATITUD.

No solamente se honra alabando públicamente a alguien; también lo hacemos velando por sus intereses y por las cosas que son importantes para la otra persona.

Si para nuestro prójimo es importante tomar un café, yo voy a honrarlo invitándole a eso que tanto le gusta porque quiero velar por aquellas cosas que le son importantes. En este punto quizás uno podría pensar: "Bueno, él (ella) salió ganando aquí. Yo tengo un concepto clarísimo de la honra, así que todo será para él (ella)". Sin embargo, hay que recordar el punto que estamos tocando: el más beneficiado es el que da la honra, no el que la recibe.

Cuando yo decido honrar a la otra persona, por supuesto que eso la va a beneficiar. Es allí donde tenemos que recordar que todo lo que el hombre sembrare, eso cosechará. Si yo siembro semillas de maíz, es un hecho que cosecharé varias mazorcas y tendré abundancia de ellas, entonces ¿podemos imaginarnos qué ocurrirá cuando sembremos en otra persona abundantes semillas de honra? Pues allí

cosecharemos más abundantemente de lo que podemos pensar o imaginar.

2. La honra abrirá o cerrará puertas.

Recordemos que la honra es una mezcla de humildad y gratitud. Entonces allí necesitamos un corazón totalmente dispuesto para ofrecer estos dos elementos. La honra es una llave que abre y cierra puertas.

Si usted está deshonrando a los demás con críticas o maltrato, lo único que está haciendo es cerrar una puerta en la vida de esa persona, y de ese modo él (o ella) no podrá expresar todo el amor y el gozo que Dios le ha puesto en el corazón.

Pero esto no queda allí. Además de cerrarle el paso a su cónyuge, es usted mismo quien se cierra las puertas al ser un agente de deshonra. ¿De qué puertas hablamos? De aquellas que nos permiten entrar a una condición de persona madura, alguien en quien realmente pueda cimentarse una familia. El Dr. Edwin Louis Cole decía que "la madurez no viene con los años, viene con la aceptación de responsabilidades".

3. La honra descubre lo que hay en nuestro corazón.

A través de la capacidad de dar honra es cuando descubrimos si en nuestro corazón hay mezquindad, egoísmo y un excesivo amor al yo, que es lo que está azotando actualmente a nuestra sociedad.

Una persona que no puede honrar es una persona que tiene resentimiento en su corazón. Cuando no hemos perdonado, es muy difícil prodigar honra. El poder de la honra es clave para sustentar un matrimonio, y para que toda la familia crezca conforme al corazón de Dios.

4. La honra es un camino hacia los milagros inesperados.

¿Usted tiene dificultades en su matrimonio? ¿Está pasando por una situación que a veces parece inmanejable? Nuestro consejo es: ¡Desate honra! Empiece a admirar, servir y valorar. Así empieza el camino hacia milagros inesperados. Pero tenga en cuenta que no hay honra sin sacrificio. Solo una completa renuncia a lo que yo quiero es lo que nos abre camino hacia el poder de la honra.

> ¡DESATE HONRA! EMPIECE A ADMIRAR, SERVIR Y VALORAR. ASÍ EMPIEZA EL CAMINO HACIA MILAGROS INESPERADOS.

Jesús decidió honrar a su Padre celestial, y en esa decisión Él encontró la muerte. Fue una renuncia completa a su vida para darle a su Padre la honra total. Sin embargo, al tercer día Jesucristo resucitó en vida y en poder. Este es un principio que de todas maneras se cumplirá en usted y en su familia. Decida entregar la vida misma para honrar a sus padres, a su cónyuge, a su prójimo. Sacrifíquese al máximo y dé hasta su vida si es necesario, pero después prepárese porque experimentará ese poder sobrenatural que lo vivificará.

El respeto como elemento fundamental

Para sobrevivir necesitamos de agua y comida, pero podemos vivir más tiempo sin ingerir comida que sin beber agua. Entonces, para los hombres, la honra es como la comida y el respeto como el agua. Y como usted y yo no podemos estar mucho tiempo sin ingerir agua, ya puede imaginarse lo importante que resulta para la autoestima del hombre. El respeto es la clave para motivar a un esposo.

No se sorprenda por esta afirmación. Es claro que este respeto, tan esencial de parte de la mujer hacia el hombre, no debe confundirse como una absoluta sumisión a un carácter irrazonable y a actitudes tan insensatas como las ideas que las originan. Estamos situándonos, como siempre, en el marco de una relación saludable, con los vaivenes típicos de nuestra condición humana.

El respeto, en un matrimonio que quiere salir adelante, es una gran motivación y un gran revitalizador en la vida del hombre. Pero para entender mejor cuán importante es el respeto para los hombres, miremos las cosas desde esta perspectiva. Todas las mujeres suelen decir (desde el fondo de su corazón): "Solo quiero alguien que me ame, que me haga especial, que me haga sentir que soy lo más importante de su vida".

¿Usted vio algo malo en ese anhelo? No, por supuesto. Nadie en su sano juicio usaría estas palabras para acusar a una mujer de ser una ególatra. Es un anhelo natural, y que una vez satisfecho hace que la mujer florezca. De eso no hay duda.

En cambio, ahora imagínese a un hombre diciendo a su novia, o esposa, que necesita ser respetado. Él podría expresar algo tan sencillo (y también desde el fondo del corazón) como: "Quiero que se me respete".

¿Sabe usted qué es lo más probable que pasaría? ¡Se le tildaría de arrogante! Innumerables veces hemos oído a mujeres decir en consejerías: "¡Él está exagerando con toda esa 'cuestión del respeto'. Ya es demasiado sensible. Lo que pasa es que así soy a veces regaño y me molesto un poco, pero... ¿exigir respeto? ¡No, pues...!".

Teniendo en cuenta que así como él necesita respeto, ella también necesita mucho amor, ¿usted se puede imaginar qué pasaría si el esposo dijese algo como esto?:

"¡Ella está exagerando con toda esa cuestión de 'sentirse amada' y con eso de sentir que es lo más importante. Ya es demasiado sensible. Lo que pasa es que así soy a veces regaño y me molesto un poco, pero... ¿no sentirse amada? ¡No, pues...!".

Cuando pensamos en esta posibilidad nos quedamos sin palabras. Es asombroso lo que sucede cuando una mujer muestra respeto y admiración al hombre. Los hombres nacen de las mujeres, y pasan el resto de sus vidas anhelando la aceptación y la aprobación de una

> SI UN HOMBRE RECIBE COMUNICACIÓN DIRECTA, RESPETO, APRECIO, ALIMENTO Y AMOR, HARÁ CUALQUIER COSA POR HACER FELIZ A SU ESPOSA.

mujer, primero de la mamá y luego de su esposa. Si un hombre recibe comunicación directa, respeto, aprecio, alimento y amor, hará cualquier cosa por hacer feliz a su esposa.

Es sabio enseñar esto a nuestras hijas mujeres para que sepan qué es lo que tienen que sembrar en su futuro matrimonio, de manera que cosechen frutos de armonía en el hogar.

La nuera que yo quiero debe amar a su esposo y respetarlo de maneras que son significativas para él, entendiendo que Dios lo diseñó de esa manera. Una nuera conforme al corazón de Dios no puede vivir la vida menospreciando lo que Dios creó. Debe honrar y respetar a su esposo porque de esa manera él podrá estar más firme, y cumplir con todo lo que anhele hacer. No es que a ellos se les ocurre demandar honra y respeto en un arranque egoísta. Estamos hablando simplemente de que así es el diseño de Dios.

Algunas palabras para la mamá del yerno ejemplar

Estos ingredientes no son para la vida adulta; es algo que los hombres necesitan desde pequeños. Usted, como mamá, tiene una gran responsabilidad para que su hijo aprenda a respetar su palabra. Siembre en él buenas acciones: que sea puntual, que se valga por sí mismo. En los momentos de inseguridad ayúdelo, aliméntelo diciéndole cuánto confía en él, y cuán segura está de que todo le va a ir bien. ¡Anímese a criarlo con honra, respeto y admiración!

Cuando ellos se casen, el desenvolvimiento como esposos y padres dependerá de los estándares de respeto, honra y admiración que hayan visto desde niños en su hogar, en el trato que usted prodigó a su esposo. ¡Sea sabia! Su actitud puede ir formando (o deformando) a los hombres desde la casa.

Si su hijo ha sido apocado en su niñez, y ha sido sometido continuamente a humillaciones y a comentarios que lo desvalorizaban como hombre, encienda las luces de alerta. Si a esto adicionamos que su hijo se case con una mujer con las mismas características, tenga por seguro que nada de lo que haga será suficiente, y eso será una desmotivación en su vida.

Las críticas terminarán matándolo, y mutilando todo su potencial. Él no será un buen esposo ni un buen padre, no porque no sea alguien capaz, sino por estas mutilaciones que ha sufrido en su vida. Hemos podido ver madres que dicen amar a sus hijos, pero que a diario les quiebran su identidad y les deforman la personalidad. Es así como terminan formando hombres endebles que serán incapaces de desempeñar sus roles de esposo y padre de forma correcta.

Estimada lectora, estos párrafos han sido duros, lo sabemos, pero construir el temperamento de un hombre requiere algo más que buenas intenciones. Requiere sabiduría, y la seria y persistente aplicación de principios que solo pueden ser inspirados en una buena relación con Dios.

¿Qué pasa si el hombre no encuentra aceptación en su propia casa?

Esto es muy importante mencionarlo. Si hablamos del hombre que queremos para nuestra hija, hay algunas cosas que las hijas deben saber, así que estas líneas son para ti, futura esposa de un joven ejemplar. El no encontrar la aceptación en casa puede provocar que el esposo salga a buscarla a otros espacios como Internet, trabajo y amigos. Es así de sencillo, y como es lógico, es ahí donde pueden empezar las infidelidades.

Una esposa debe estar alerta para que él no encuentre en relaciones extramatrimoniales la honra y el respeto que no halla en casa. Hemos escuchado a muchas mujeres que han encontrado a su esposo en infidelidad, y que nos han dicho: "No puedo creer lo que he visto. ¡Esa mujer con la que mi esposo está saliendo no tiene nada de bueno! En realidad se le ve mal". Entonces inevitablemente viene el pensamiento: "¿Por tan poca cosa me deja?".

Claro, quizás esa mujer no era tan linda como la esposa, pero seguramente le dio lo que él tanto necesitaba: honra, respeto y admiración. Es duro escucharlo (o, en este caso, leerlo), pero es una realidad. El hombre desea recibir respeto, ternura y amor de su esposa, quiere que lo pongan en un lugar importante, y necesita que su esposa le demuestre que necesita apoyarse en su fortaleza por toda la vida. Esto no desatará egocentrismo en él, sino un fuerte sentido de protección hacia su familia.

La esposa debe conocer la naturaleza del hombre, y debe saber que ellos perdonan casi cualquier cosa cuando son tratados bien (en líneas generales), y no guardan rencor con la tenacidad con que lo hacen las mujeres. Hay que recordar que los hombres son criaturas sencillas, y muy dependientes de sus esposas en lo que se refiere a aceptación, aprobación y afecto. Cuando se restauran estos tres elementos, todo vuelve a estar en orden.

Usted que está aspirando casarse con un noble varón, debe saber que él no tiene que ser un padre o esposo perfecto para ser aceptado. No tiene que ser perfecto porque él es solo un ser humano, y los seres humanos somos imperfectos. Él es un imperfecto casado con una imperfecta que tiene hijos imperfectos. Gracias a Dios que es así, porque el único perfecto, digno de ser adorado y exaltado, es nuestro Señor Jesús. Él sí es perfecto.

Antes de esposo, él fue un hijo muy querido

Este es otro punto importante hablando del esposo que queremos para nuestra hija. La mujer nunca debe olvidar que está por casarse con alguien que ha sido por muchos años un hijo muy querido. Como mujer, me encanta recordar cuando Juan Guillermo, con solo cuatro añitos, un día me abrazó, pero no de una manera infantil y tierna, sino de un modo increíblemente protector. Fue emocionante. Si tú eres mamá y tienes hijos hombres, alguna vez habrás sentido cómo un "mini-superman" viene al rescate de Luisa Lane. Son muy tiernos y sensibles, y se les sale por los poros unas tremendas ganas de proteger a su mamá.

Y así pasan su niñez... buscando la aceptación y las palabras de afirmación de esa mamá que los ama, y que lo es casi todo para ellos. Es por eso que nosotras no debemos escatimar en palabras como: "¡Wow, eres un campeón!". "¡Qué rápido fuiste a comprar el pan, eres un atleta!". Debemos usar muchos recursos creativos, por ejemplo cuando les pidamos que nos ayuden con algunas bolsas, a ellos les damos una bolsa pequeña. No importa que realmente no sean de mucha ayuda, cuando lleguemos a la casa les damos las gracias y les decimos: "¡Qué fuerte eres! ¡Sin tu ayuda no hubiera podido llegar!".

Ni te imaginas cómo eso llena su ser masculino. Ellos crecen y van buscando esa misma aprobación que tenían de mamá con sus amiguitas de adolescencia, para que les digan lo guapos o lo inteligentes que son. Cuando se casan, pasa exactamente lo mismo. Es algo que toda mujer que desee casarse debe saber. Es algo que mi nuera, se los aseguro, de todas maneras lo tendrá muy claro. Es imprescindible.

Nueras, tomen nota

Ahora que ya sabemos que la honra es el combustible del hombre, también debemos tener claro que la deshonra, especialmente a través de las críticas, es kryptonita pura para el superhéroe.

No deje de recordar que la vida se trata de dar, no de recibir. Lamentablemente la mayoría de mujeres (y hom-

> LA HONRA ES EL COMBUSTIBLE DEL HOMBRE.

bres también, por supuesto) entran al matrimonio pensando en que su cónyuge debe hacerla feliz cueste lo que cueste. Allí, querida nuera, usted ya estará encontrando el primer obstáculo para ser una genuina sembradora de respeto, honra y admiración. Pensar en que él debe hacerla feliz a usted es tener una visión totalmente contraria al ideal de una vida sana. Pero si usted no demanda nada, deja de pensar en usted, y piensa en su compañero, estará lista para brindar suficiente respeto, honra y admiración.

Déjeme contarle dos historias reales que tienen que ver con nueras muy, pero muy especiales.

Rut, una nuera valiente

Esta primera historia se dio en los días en que los jueces gobernaban Israel. Se cuenta que un hambre severa azotó la tierra. Por eso, un hombre de Belén de Judá dejó su casa, y se fue a vivir a la tierra de Moab junto con su esposa y sus dos hijos. El hombre se llamaba Elimelec, y el nombre de su esposa era Noemí. Sus dos hijos se llamaban Mahlón y Quelión (vea el libro de Rut).

Tiempo después murió Elimelec, y Noemí quedó sola con sus dos hijos. Entonces ellos se casaron con mujeres moabitas. Uno se casó con una mujer llamada Orfa, y el otro con una mujer llamada Rut. Unos diez años después murieron tanto Mahlón como Quelión. Entonces, Noemí quedó sola, sin sus dos hijos y sin su esposo, y solo con sus nueras.

Estando en Moab, Noemí se enteró de que el Señor había bendecido a su pueblo en Judá al volver a darle buenas cosechas. Entonces Noemí y sus nueras se prepararon para salir de Moab, y regresar a su tierra natal. Acompañada por sus dos nueras, partió del lugar donde vivía, y tomó el camino que las llevaría de regreso a Judá. Sin embargo, ya puestas en camino, Noemí les dijo a sus dos nueras:

—*Vuelva cada una a la casa de su madre, y que el Señor las recompense por la bondad que mostraron a sus esposos y a mí. Que el Señor las bendiga con la* seguridad de un nuevo matrimonio. Entonces les dio un beso de despedida y las tres se echaron a llorar desconsoladas.—No —le dijeron—, queremos ir contigo a tu pueblo. Pero Noemí respondió: —¿Por qué habrían de continuar conmigo? ¿Acaso puedo tener más hijos que crezcan y sean sus esposos? No, hijas mías, regresen a la casa de sus padres, porque ya soy demasiado vieja para volverme a casar. Aunque fuera posible, y me casara esta misma noche y tuviera hijos varones, entonces, ¿qué? ¿Esperarían ustedes hasta que ellos crecieran y se negarían a casarse con algún otro? ¡Por supuesto que no, hijas mías! La situación es mucho más amarga para mí que para ustedes, porque el Señor mismo ha levantado su puño contra mí. Entonces volvieron a llorar juntas y Orfa se despidió de su suegra con un beso, pero Rut se aferró con firmeza a Noemí.—Mira —le dijo Noemí—, tu cuñada regresó a su pueblo y a sus dioses. Tú deberías hacer lo mismo. Pero Rut respondió:—No me pidas que te deje y regrese a mi pueblo. A donde tú vayas, yo iré; dondequiera que tú vivas, yo viviré. Tu pueblo será mi pueblo, y tu Dios será mi Dios. Donde tú mueras, allí moriré y allí me enterrarán. ¡Que el Señor me castigue severamente si permito que algo nos separe, aparte de la muerte! (Rut 1: 8-17 NTV)

¡Esta sí que es una declaración llena de fidelidad!

Cuando Noemí vio que Rut estaba decidida a irse con ella, no insistió más, de modo que las dos siguieron el viaje. Así que Noemí regresó de Moab acompañada de su nuera Rut, la joven moabita.

Rut y una fidelidad a prueba de todo

Debo confesar que cada vez que leo esta historia me conmuevo enormemente. Creo que una de las declaraciones más nobles de fidelidad que he podido encontrar en todos los libros que he leído, es la declaración de Rut:

> *A donde tú vayas, yo iré; dondequiera que tú vivas, yo viviré. Tu pueblo será mi pueblo, y tu Dios será mi Dios. Donde tú mueras, allí moriré y allí me enterrarán. ¡Que el Señor me castigue severamente si permito que algo nos separe, aparte de la muerte!* (Rut 1: 16-17 NTV)

¡Esto sí es amar a la suegra!

Poner a disposición la vida, el lugar donde vivir, la mismísima fe, y aun el lugar donde morir, no es algo que encontremos fácilmente. Por alguna razón, el amor de Rut hacia Noemí, su suegra, rebasó enormemente estas condiciones de su vida. La esposa que yo quiero para mi hijo, me encantaría que tenga solamente el cinco por ciento de este amor incondicional. Con eso me doy por servida.

Esta historia no habla estrictamente de cómo Rut le prodigó a Mahlón, su esposo, respeto, honra y admiración, es un dato que no tenemos cómo saberlo; pero sí es una historia que narra la más conmovedora fidelidad. Es una hermosa historia de suegra y nuera, algo que no suele verse muy a menudo. Déjenme contarles qué fue lo que sucedió después con esta valerosa nuera que apostó hasta la vida por acompañar a su suegra.

Cuando llegaron a la tierra de Moab, Rut conoció a un pariente rico de su fallecido suegro, Elimelec. Por cosas de la vida, este personaje llamado Booz había oído de la bondad de Rut hacia Noemí, y ese, entre otros, fue uno de los factores que hizo que esta historia terminara en una feliz boda entre Rut y Booz. La gran necesidad económica que tenían estas mujeres al no tener un hombre que viera por ellas se había acabado: Booz le dio a Rut esa necesaria cobertura y, por supuesto, Noemí se vio favorecida con la felicidad de su nuera.

Rut quedó embarazada de Booz y tuvo un hijo, y lo emocionante de esto es que, como dije líneas arriba, Noemí fue tremendamente bendecida, ya que las mujeres del pueblo le decían:

Que este niño sea famoso en Israel. Que él restaure tu juventud y te cuide en tu vejez. ¡Pues es el hijo de tu nuera que te ama y que te ha tratado mejor que siete hijos! (Rut 4: 14-15 NTV).

Sencillamente impresionante. Note usted la última línea que dice *"¡Pues es el hijo de tu nuera que te ama y que te ha tratado mejor que siete hijos!"*. Si lo natural en esta vida es que los propios hijos honren a sus padres, velen por ellos y los atiendan, ¿cómo podemos dimensionar el hecho de que la nuera haya tratado a su suegra mejor que siete hijos? ¿Cómo —o mejor dicho, cuánto— es el amor de siete hijos? ¿Cuán grande fue el amor de Rut hacia su suegra que rebasó con creces este amor filial multiplicado por siete?

Tan edificante como esta bella historia de Rut, es nuestra segunda historia.

En búsqueda de la nuera perfecta

Si usted se fascinó con la historia de Rut, le garantizamos que esta historia le encantará. ¿Recuerda a Rebeca? Probablemente sepa que Isaac, el hijo de Abraham, tomó como esposa a Rebeca, pero ¿se ha puesto a pensar cómo se cortejaba en esos tiempos a una mujer? Lo cierto es que las cosas definitivamente eran diferentes, y claro, este modelo de cortejo es imposible que sea aplicado en estos tiempos, pero le aseguramos que aun tratándose de un modelo tan antiguo, usted tiene mucho que aprender de este episodio.

Isaac tenía 40 años, y Abraham quería encontrar una esposa para él. Este es el primer punto interesante. La Biblia no dice que Isaac, a sus 40, estaba ansioso por casarse. Dice que su padre Isaac quería encontrar una esposa para él. ¿Se imagina usted cómo es en estos tiempos tener 40 años, y no tener una esposa o al menos un compromiso serio? Claro, aquí hablamos de los hombres de 40, pero si incluimos a las mujeres de esa misma edad y sin compromiso, ¡las cosas se ponen más delicadas! Eran otros tiempos, definitivamente. No había ningún tipo de estrés por motivos de edad. Total, ¡Sara dio a luz a los 90!

Volvamos al proyecto de Abraham sobre su hijo. ¿Qué cree usted que hizo para él cumplir ese gran deseo? Quizás me responda: "Pues habrá ido a buscar a alguna bella mozuela para su hijo". Eso estuvo cerca. Lo que hizo Abraham fue hablar con su siervo más antiguo, el hombre que estaba a cargo de su casa, y le hizo jurar que Isaac no se casaría con una mujer cananea, sino que el siervo iría a la tierra natal de Abraham, donde están sus parientes, y allí encontraría una esposa para Isaac (Vea Génesis 24: 8-67).

¿Qué le pareció? Tremenda tarea que le encargaron al siervo; pero este no se amilanó ante el tamaño del encargo. Hizo un juramento delante de su señor, Abraham, y prometió seguir sus instrucciones. Después tomó diez de los camellos de Abraham (ojo con este dato de los diez camellos; recuérdelo para hablar de eso después), y los cargó con toda clase de regalos valiosos de parte de su señor. Cuando llegaron a su destino, después de un larguísimo viaje, el siervo hizo que los camellos se arrodillaran junto a un pozo justo a las afueras de la ciudad.

Era la caída de la tarde, y las mujeres salían a sacar agua. El siervo de Abraham pensaba en el juramento que le hizo a su señor, y probablemente se le vino a la cabeza: "En cualquier momento veré a quien será la esposa del hijo de mi señor". El siervo no se quedó en la posibilidad que le ofrecía el azar; él fue a lo seguro; y, ayudado por Dios, decidió encauzar las circunstancias, y optó por el mejor camino: la oración.

«Oh Señor, Dios de mi amo, Abraham —oró—. Te ruego que hoy me des éxito y muestres amor inagotable a mi amo, Abraham. Aquí me encuentro junto a este manantial, y las jóvenes de la ciudad vienen a sacar agua. Mi petición es la siguiente: yo le diré a una de ellas: "Por favor, deme de beber de su cántaro"; si ella dice: "Sí, beba usted, ¡y también daré de beber a sus camellos!", que sea ella la que has elegido como esposa para Isaac. De esa forma sabré que

has mostrado amor inagotable a mi amo» (Génesis 24:12-14).

Práctico, seguro y efectivo. Así fue el método que usó el siervo de Abraham, y consiguió la seguridad de que iba a cumplir con su cometido. En cualquier momento había de acercarse la nuera que su señor deseaba, ¡y así fue! Antes de terminar su oración, vio a una joven llamada Rebeca, que salía con su cántaro al hombro. Ella era hija de Betuel, quien era hijo de Nacor —hermano de Abraham— y de Milca, su esposa. Rebeca era muy hermosa. Tenía edad suficiente para estar casada, y aún era virgen. Ella descendió hasta el manantial, llenó su cántaro, y volvió a subir. ¡Este era el momento ideal!

Entonces el siervo corrió hasta alcanzarla y le dijo: —Por favor, deme de beber un poco de agua de su cántaro. —Sí, mi señor, beba —respondió ella. Enseguida bajó su cántaro del hombro y le dio de beber. Después de darle de beber, dijo: —También sacaré agua para sus camellos y les daré de beber hasta que se sacien. Así que, de inmediato, vació su cántaro en el bebedero y volvió corriendo al pozo a sacar agua para todos los camellos (Génesis 24:17-20).

La incomparable y generosa Rebeca

Todo salió redondo, justo como el siervo de Abraham lo había pensado. La bella Rebeca dijo exactamente lo que el siervo le pidió a Dios, así que no había ninguna duda de que ella era la indicada para acompañar al joven Isaac el resto de sus días.

Detrás del amable acto de Rebeca de darle de beber a los camellos, podemos ver el corazón de esta mujer, que -recuérdelo- más adelante cambiaría la historia de la primogenitura de sus hijos, dándole a su futuro hijo, Jacob, el privilegio de ser parte del linaje escogido por Dios para que Jesús llegara a la tierra.

¿Qué es lo que podemos ver entre líneas? Sorpréndase: ¿Sabía usted que un camello puede tomar hasta 25 galones de agua? Si hacemos una fácil operación, detectamos que esta doncella iba a necesitar prácticamente ¡doscientos cincuenta galones de agua! (Aquí es donde debemos acordarnos del dato de los 10 camellos). Si repasamos el versículo 15, vemos que ella tenía un cántaro sobre su hombro. ¿Cuántos galones usted se imagina que puede llevar en ese cántaro? ¿Quizás 5 galones? Eso nos daría un promedio de 50 viajes que Rebeca tendría que hacer para dar de beber a estos 10 camellos.

Seamos más benévolos y pensemos que los camellos no están tan sedientos, así que Rebeca tendría que hacer aproximadamente 30 viajes. Servicialmente, ella hizo este trabajo hasta que los camellos se saciaron, según vemos en el versículo 19. Es más, en el siguiente versículo (20) podemos leer *"Así que, de inmediato, vació su cántaro en el bebedero y volvió corriendo al pozo a sacar agua para todos los camellos".*

Esto es fascinante. ¡Dios es fascinante!

¿Y qué cree usted que dijo el siervo de Abraham cuando vio todo esto? Probablemente pensó: "¡Este es el tipo de novia que el hijo de mi Señor necesita! ¡Una mujer generosa! ¡Una mujer que estuvo dispuesta a dar mucho más de lo que le pedía!".

Es casi un hecho que fue así. Pero vayamos a un versículo clave que nos revela lo que en verdad estaba pasando con el siervo de Abraham mientras ocurría todo esto con Rebeca:

> *Y el hombre estaba maravillado de ella, callando, para saber si Jehová había prosperado su viaje, o no* (Génesis 24:21 RVR 1960).

Usted lo vio. Las mismas escrituras dicen que el hombre estaba ma-ra-vi-lla-do. ¡Esa es exactamente la nuera que quiero! Anhelo que una Rebeca llegue a la vida de Juan Guillermo, y que su don de servicio simple y sencillamente me deje maravillado. Sueño con que esa capacidad de hacer cosas extraordinarias se traduzca en un apasionado servicio en las cosas del Señor, y que esa pasión la lleve a mis nietos.

"El encanto en la vida nunca se verá realizado en algún objeto; deberá culminar, en última instancia, en una persona". Ravi Zacharias

¡Volvamos a nuestra historia! Notemos también que a la vez que el siervo estaba maravillado con Rebeca, estaba callando. No decía nada para no distraerse de ese momento hermoso y, sobre todo, no decía palabra alguna para escuchar atentamente la voz de Dios que le confirmara el éxito de su misión: el cumplimiento de la promesa a su amo Abraham.

El resto, si no es historia conocida para usted, quizás lo pueda suponer. El siervo regresó con Rebeca a la casa de Abraham, y esta terminó desposándose con Isaac. Dice la Biblia que Isaac la amó profundamente, ¡y sí que fue así! Ellos finalmente fueron los padres de Esaú y Jacob, cuya fascinante historia hemos visto detenidamente en nuestro primer libro ¡*Bendíceme también a mí, padre mío!*, y que da lugar al hermoso tema de la importancia de la bendición de los padres hacia los hijos.

Tanto Rebeca como Rut tuvieron un altísimo estándar de comportamiento. Ambas pusieron por delante la vida de los demás antes que la propia comodidad. Sus valores trascendieron, y fueron reproducidos y aumentados por María.

Así mismo, el reflejo de la incomparable y generosa Rebeca lo pudimos ver en Rut, y sin duda llegó a través de muchas generaciones a la incomparable María. ¡El mismo sello de generosidad! ¿Quién sino María iba a responder de una manera tan desprendida ante el anuncio del ángel del Señor? ¿Quién sino María iba a demostrar un profundo respeto hacia la voluntad de Dios?

¡Yo quiero una María para mi hijo!

5

SER O NO SER (UN BUEN YERNO / UNA BUENA NUERA)

ALLÍ NO HAY DILEMA

"Una cultura casi ni puede empezar, mucho menos sostener, cualquier esfuerzo serio intergeneracional para comprender, interpretar y responder a los enigmas de la vida y el universo, a menos que tenga una cosmovisión razonablemente exhaustiva".
Stanley Mattson –C. S. Lewis Foundation

Isaac y Rebeca... y Abraham: una inspiradora historia

Uno de los más notables pensadores contemporáneos, y un gran apologista de nuestro tiempo, escribió: "Nuestra sociedad está caminando a través de un laberinto minado con explosivos culturales; y el precio más alto se nos exige cuando enviamos a nuestros hijos por ese laberinto". –Ravi Zacharias.

> YO ELIJO QUE LO BUENO, LO SANTO Y LO QUE ES AGRADABLE A DIOS, SEA EL TIMÓN QUE GOBIERNE EL DESTINO DE MIS HIJOS.

Nuestros hijos tienen una sensible elección en cuanto a su futuro conyugal, y nosotros tenemos un rol importante: o silenciosamente los enviamos por un laberinto minado de explosivos culturales, como son el hedonismo y la sexualidad como fuente principal para escoger a su futuro esposo o futura esposa; o, como decía Stanley Mattson, desarrollamos una "cosmovisión razonablemente exhaustiva", basada en Dios y su Palabra, y amorosamente participamos y los acompañamos en esta tan crucial elección.

¡Yo elijo la segunda opción!

Yo elijo que lo bueno, lo santo y lo que es agradable a Dios, sea el timón que gobierne el destino de mis hijos. Yo elijo enseñarles a mis hijos a caminar con prudencia en este desordenado laberinto en que se ha convertido la vida moderna.

Por eso es que Pablo nos anima a NO conformarnos a este siglo:

> *No os conforméis a este siglo, sino transformaos por medio de la renovación de vuestro entendimiento, para que comprobéis cuál sea la buena voluntad de Dios, agradable y perfecta* (Romanos 12:2 RVR 1960).

Pablo fue un visionario, alguien que vio más allá de lo que el resto pensaba y veía. El Señor le enseñó a Pablo a conocer los enrevesados caminos de corazón del hombre. Por eso supo que llegaría un momento como el que usted y yo vivimos ahora: tiempos perversos y en muchos casos ajenos a lo que los modelos bíblicos nos enseñan.

En ese sentido, la maravillosa historia que vimos en un capítulo anterior convierte a Abraham, a Isaac y a Rebeca en una inspiración; y los siguientes principios se erigen como una verdad que siempre deberíamos tener presente.

Algunos puntos para resaltar sobre esta maravillosa historia, son los siguientes:

1. La ilusión de Abraham por participar de la elección de una esposa para su hijo

Es un hecho que como papá, Abraham quería lo mejor para su hijo. Así lo expresó, y no dudó en disponer de todo lo necesario para que eso ocurriera. Esto incluyó delegar la delicada tarea a su siervo más fiel.

2. La fidelidad del siervo, quien no se amilanó ante la delicada y complicada tarea de buscar esposa para el hijo de su señor

¿Era un opción negarse? Por supuesto. Siempre es una opción sacudirse de la responsabilidad y mostrar inmadurez. Pero lejos de buscar evasivas o negarse a semejante tarea, el siervo cumplió con creces el encargo.

3. La confianza absoluta en Dios de parte del siervo

El protocolo que estableció para encontrar a la mujer ideal para el hijo de su señor fue diseñado y cumplido de una manera asombrosa en su interacción con Rebeca. Solo conectados con Dios damos fruto al ciento por uno.

4. La respuesta inmediata de Rebeca, quien aceptó sin miramientos el ofrecimiento de ir lejos de su parentela, e iniciar una nueva vida al lado de alguien que hasta ese momento no conocía.

Esa determinación es la que necesitamos hoy en día. Esa determinación fue la que abundó en el corazón de María para seguir a José. Estoy seguro que Rebeca aceptó el reto porque sabía que el plan de Dios para su vida era formar una familia que iba a trascender en la humanidad. ¡Pero no dejemos de mirar el papel de la familia de Rebeca en esta historia!

No solo se trata de nuestros hijos

En esta parte del libro, le agradeceré que cambiemos el *chip* en cuanto a la aplicación de todas las enseñanzas. Estoy seguro que desde que empezamos, usted ha pensado una y otra vez en sus amados hijos. Ha escudriñado la historia de José y María, e inevitablemente habrá exclamado, como yo: "¡Quiero un José para mi hija! ¡Yo quiero una María para mi hijo!". Usted habrá pasado buena parte de su tiempo pensando en la ceremonia de matrimonio, la convivencia de los recién casados, el lugar donde vivirán, la llegada de los nietos, etc.

Ahora toca pensar en usted mismo. Usted también es yerno de alguien. Ese alguien definitivamente lo miró de pies a cabeza la primera vez que lo vio. Sus gestos, sus palabras y sus intenciones fueron escrutados. Y usted, mujer de Dios, también es nuera de alguien. Un escáner de última generación ubicado en las pupilas de su suegra la evaluó para ver si usted iba a ser la nuera esperada.

A eso me refería con el cambio de *chip*. Es el momento de que usted piense en su propia ejecutoria como yerno o nuera. ¿Cómo es la relación con sus suegros? ¿Es usted de los que llega de visita a dar un sentido abrazo porque siente que visita a sus segundos padres? ¿O es usted parco, y solo se limita a dar un saludo protocolar? O quizás las cosas lleguen a un extremo penoso, y usted ni siquiera se asoma a la casa de sus suegros.

¿Empieza a notar que hay algunos patrones que sus hijos están heredando del comportamiento que usted ha tenido o sigue teniendo? No se sorprenda.

¿Desea uvas? ¡No vaya a sembrar semillas de manzana!

Es un hecho que las leyes naturales existen. Ellas funcionan desde el principio de los tiempos, y han hecho marchar este mundo desde siempre. Usted sabe que si se deja caer del décimo piso de un edificio, la ley de la gravedad hará que usted vaya directo y sin escalas al primer piso, atraído por una fuerza física que Sir Isaac Newton llamó "Ley de la gravedad" o "Ley de la gravitación universal". Demás está decir que con esa caída de diez pisos tendríamos un lector menos, así que manéjese con cuidado en las alturas.

La ley de la siembra y la cosecha se cumple sin excepciones: siembre uvas, y cosechará uvas. Pero también se cumple en el ámbito espiritual: siembre amabilidad, y cosechará muy buenas relaciones. ¿A dónde queremos llegar con esto? Muy sencillo: queremos que usted revise qué tipo de siembra ha hecho con respecto a la relación con sus suegros, porque de esa manera usted podrá ver tres tipos de cosecha.

La primera tiene que ver con su propia relación con ellos, donde se reflejará el amor que se prodigan mutuamente. Sus hijos podrán ver, sin mucho esfuerzo, cómo funciona esa relación, y eso será una guía para la experiencia de yerno o nuera que ellos tendrán en el futuro. En resumidas cuentas, usted permanentemente está dando clases de cómo ser un buen yerno o una buena nuera.

Entonces, lógicamente, la segunda cosecha tiene que ver con el tipo de relación que desarrollarán sus hijos con sus suegros. ¿Usted fue atento? Sus hijos sabrán ser atentos. ¿Usted fue alguien que constantemente honró a sus suegros con hechos y palabras? Sus hijos lo serán también. ¿La gratitud fue un sello en su vida de yerno o nuera? Saboree el mismo comportamiento en su descendencia.

> USTED PERMANENTEMENTE ESTÁ DANDO CLASES DE CÓMO SER UN BUEN YERNO O UNA BUENA NUERA.

Tan sencillo como eso es la ley de la siembra y la cosecha que mencionábamos líneas atrás. Por eso, la tercera cosecha será -lo quiera o no- el yerno o nuera que a usted le tocará. Es la ley de la vida.

Volvemos a animarlo a que en la lectura de esta parte del libro desactive sus pensamientos en "modo futuro". Este es un momento para dejar de pensar en sus hijos y pensar en usted. Sé que usted está anticipando (o tratando de anticipar) un porvenir lleno de buenas noticias para sus hijos; un porvenir donde un candidato con el 99.9% del ADN de José llegue fulgurante, y donde una candidata con el 99.9% del ADN de María llegue radiante a complementar a nuestros hijos.

Sin embargo, la realidad es que esa búsqueda de la que hablábamos al inicio, del yerno o la nuera ideal, no empieza ahora... ¡Empezó con usted! ¿Quiere cosechar un buen yerno? Pues espero de corazón que usted haya sido uno digno de imitar. ¿Espera usted que una maravillosa nuera llegue a los brazos de su príncipe? ¡Ojalá que usted, querida lectora, haya tenido (y siga teniendo) una memorable ejecutoria como nuera!

La vida es un eterno ciclo de siembra y cosecha, y como ya hemos tenido suficiente tiempo para analizar por los cuatro costados al hombre y a la mujer que queremos para nuestros hijos, retrocedamos el tiempo, y piense un poco de ese tiempo en que usted prometió amar, respetar y cuidar a su cónyuge, en las buenas y en las malas.

Estamos seguros que fue una linda ceremonia. Usted se casó, se relajó en su luna de miel, y después llegó la gran aventura de formar una nueva familia.

Trate de hacer memoria, y recuerde cómo fueron los primeros contactos con su nueva parentela. ¿Se sintió cómodo? ¿Quizás sintió que al comienzo su cónyuge parecía una persona soltera por la forma como se relacionaba con sus papás? ¿Era usted diligente con sus suegros? ¿Eran ellos de los que se metían en todo? ¿Hubo planes que a usted no lo consultaron, pero que sus suegros ya los sabían?

> NO SOLO NADIE DA DE LO QUE NO TIENE; TAMPOCO NADIE RECIBE DE LO QUE NO HA SEMBRADO.

Hay muchas preguntas que nos pueden servir para pelar la cáscara poco a poco, y ver el fruto de lo que hemos sembrado a lo largo de los años. ¿Importa esto? Sí, y mucho. No solo nadie da de lo que no tiene; tampoco nadie recibe de lo que no ha sembrado.

"Cuando vivimos nuestra vida sin intención, es como lanzar pintura contra la pared y fingir que es arte. La intención precede a la creación y la esencia informa a la intención."
–Erwin MacManus

Finalmente, tenga en cuenta algo: usted no pierde un hijo, usted gana un nuevo hijo; y con este incremento en la familia, el desafío se traslada a la interacción con este nuevo hogar. Sin embargo, las cosas ya no son como antes, ya que usted se encuentra con una gran paradoja: se amplía la familia, pero los derechos se reducen. Ahora hay que hilar fino; usted ya no se puede dar el lujo de imponer su pensamiento. Esa nueva familia decide, piensa, actúa, triunfa, y se equivoca por sí misma. Tiene que ser así.

> LAS COSAS YA NO SON COMO ANTES, YA QUE USTED SE ENCUENTRA CON UNA GRAN PARADOJA: SE AMPLÍA LA FAMILIA, PERO LOS DERECHOS SE REDUCEN.

Sea ejemplo ahora más que nunca

Sea ejemplo ahora más que nunca. Una naciente familia necesita su guía, su prudencia, su amor y su cuidado. El testimonio que nace de su matrimonio será el sendero que los guíe, pero recuerde que así como se puede ser un buen ejemplo, también es muy fácil dar un mal testimonio.

"Al principio el alma es como un lienzo donde otros comienzan a pintar el retrato de quienes somos. Lentamente a medida que nos desarrollamos y maduramos, tomamos el pincel con nuestra propias manos y seguimos pintando nuestra propia vida." –Erwin MacManus

Haga memoria otra vez. Recuerde qué tipo de yerno o nuera fue usted al inicio de su noviazgo, y piense en las cosas que le hubiera gustado ver en sus suegros. Si usted aún tiene "toda una vida por delante" como yerno o nuera, es hora de que evalúe seriamente cómo es percibida su imagen ante sus padres políticos.

¿Hay cambios por hacer? ¿Usted no ha sido, o no es, lo que está esperando de sus próximos hijos políticos? Si es así, debe ser duro, lo sabemos, así que reciba nuestro abrazo. Pero sepa que en Dios siempre hay esperanza, y que usted es la única persona que puede hacer que esto cambie. ¡Nadie lo hará por usted!

Esas mismas conversaciones que usted desearía tener con su nuevo yerno o su nuera, téngalas con sus suegros. Ese mismo perdón que usted desearía escuchar si su yerno comete una falta, pídaselo a sus suegros. Esa misma actitud sabia que usted desearía de parte de su nuera, téngala con sus suegros.

> EN LA FAMILIA TODO SE TRATA DE LEGADO. TODO DA VUELTAS DE MANERA CÍCLICA. TODO ES SIEMBRA Y COSECHA.

Como usted puede ver, en la familia todo se trata de legado. Todo da vueltas de manera cíclica. Todo es siembra y cosecha. Ya lo dijimos en un capítulo anterior, la Palabra de Dios es clara al respecto:

> No os dejéis engañar, de Dios nadie se burla; pues todo lo que el hombre siembre, eso también segará (Gálatas 6:7).

La boda de Caná

> Al tercer día se celebró una boda en Caná de Galilea, y estaba allí la madre de Jesús; y también Jesús fue invitado, con sus discípulos, a la boda. Cuando se acabó el vino, la madre de Jesús le dijo: No tienen vino. Y Jesús le dijo: Mujer, ¿qué nos va a ti y a mí en esto? Todavía no ha llegado mi hora. Su madre dijo a los que servían: Haced todo lo que Él os diga. Y había allí seis tinajas de piedra, puestas para ser usadas en el rito de la purificación de los judíos; en cada una cabían dos o tres cántaros. Jesús les dijo: Llenad de agua las tinajas. Y las llenaron hasta el borde. Entonces les dijo: Sacad ahora un poco y llevadlo al maestresala. Y se lo llevaron. Cuando el maestresala probó el agua convertida en vino, y como no sabía de dónde era (pero los que servían, que habían sacado el agua, lo sabían), el maestresala llamó al novio, y le dijo:

Todo hombre sirve primero el vino bueno, y cuando ya han tomado bastante, entonces el inferior; pero tú has guardado hasta ahora el vino bueno. Este principio de sus señales hizo Jesús en Caná de Galilea, y manifestó su gloria, y sus discípulos creyeron en Él (Juan 2:1-11).

Este conocido pasaje bíblico es de suma relevancia en el tema que estamos tratando; déjeme mostrarle por qué. Dice el versículo 2 que también Jesús fue invitado. ¡Gracias a Dios que fue así! De lo contrario, imagínense qué hubiera pasado con esa boda que se celebraba en Caná de Galilea. Este es un primer detalle en el que debemos reparar, y que nos trae una gran enseñanza a todos los que estamos buscando un hombre íntegro para nuestra hija, y una mujer idónea para nuestro hijo: ¡Jesús siempre debe estar invitado a la boda! Él debe ser el invitado especial y permanente cuando nuestros hijos decidan casarse. La ceremonia y la vida matrimonial tienen que girar en torno a Él.

Volvamos al texto bíblico, sigamos observándolo, y vea lo que pasa en lo natural; es una fiesta familiar. Tan simple como eso. Y fue allí donde Jesús empezó a obrar milagros: ¡en una boda! Jesús no empezó a manifestarse como hijo de Dios con portentosas sanaciones, multiplicando panes y peces, o echando demonios. Esperó una ocasión tan familiar como una boda para mostrarle al mundo el amor y la compasión de Dios sobre su pueblo.

¿Qué nos quería mostrar Jesús con esto? ¡Que las bodas son el lugar propicio para que el amor de Dios empiece a manifestarse sin límites! Un matrimonio es un espacio reservado para que Dios se manifieste de manera maravillosa, ¡pero las personas tardan demasiado en entenderlo! O, peor aún, ¡nunca se enteran de que el matrimonio es un escenario ideal para que las bendiciones de Dios fluyan! José y María sí lo entendieron. A partir de esa revelación ellos fueron testigos del amor de Dios en sus vidas, como lo hemos descrito en los primeros capítulos.

> EL MATRIMONIO ES UN ESCENARIO IDEAL PARA QUE LAS BENDICIONES DE DIOS FLUYAN.

Volviendo al mismo momento de la boda de Caná, quiero hacer un alto en el versículo 3, donde María observa que se acaba el vino y le dice a Jesús: *"No tienen vino"*. Lo que viene es maravilloso. Todos ven el milagro obrado. Eso no se puede mirar de soslayo, pero nadie ve lo que hay detrás.

Esto no se reduce a que simplemente la bebida se acabó. Esta fue, yo creo, una genuina preocupación de parte de María por los padres del novio, que, sin duda, eran personajes secundarios en esta historia. Su perspectiva de madre le permitió ver que había anfitriones que estaban pasando apuros porque lo que prepararon con tanto esmero para los invitados estaba incompleto. Pero todo tiene un por qué. Tenemos que recordar lo azaroso que fue el inicio de la relación de María y José, y debemos escudriñar las escrituras y reparar en que no se especifica que esta hermosa pareja haya tenido una boda. Allí podemos presumir un vacío en la vida de María: la boda soñada que nunca se realizó. Una boda es el normal afán de toda mujer, y la expectativa siempre será grande para ellas, pero el milagroso embarazo de María cortó la normalidad del proceso.

Pienso que es posible que María, al tener esa gran expectativa matrimonial sin concluir, haya querido que no les pase a estos novios lo que le pasó a ella. No me sorprende viniendo de una mujer tan generosa como ella. Pero también hemos de resaltar su sabio proceder: ella sabía que Jesús era la respuesta a la situación tan complicada que se presentaba, así que solo añade: *"Haced todo lo que El os diga"* (v.5).

¡Qué virtud la de María! No solo fue generosa al expresar una legítima preocupación por el prójimo; también supo sujetarse a la autoridad de Jesús, si bien su hijo, también a todas luces el portador de la autoridad del mismísimo Dios.

¿Estoy criando un José o una María?

Hasta aquí todo ha girado en función al hombre que usted y yo queremos para nuestras hijas, y a la mujer que queremos para nuestros hijos. Ese es el propósito de este libro, no hay duda, pero ¿qué hay de situarnos al otro lado de la cuerda? ¿Es mi hijo ese José que cualquier papá estaría esperando para hacer feliz a su hija? ¿Es mi hija esa María que un papá anhela para que su hijo varón sea bendecido?

¡Wow, esas sí que son preguntas difíciles! Y es nuestra entera responsabilidad, como padres, la respuesta a esas preguntas. Sea cual sea.

Amado lector, esto quizás le ayude a tener cierta tolerancia y/o comprensión hacia las decisiones de sus hijos con respecto a este tema. No queremos poner una valla altísima, y que nuestras pretensiones, aunque justas, dejen fuera de combate en forma instantánea a cuanto pretendiente se presente ante nuestra descendencia.

El ejemplo de José, Pablo, María y Rebeca que hemos escudriñado fueron expuestos para dibujar las cualidades que nos gustaría ver en los aspirantes a yernos y nueras, pero también son cualidades que estamos en el deber de sembrar en nuestros hijos. Este es un trabajo lento, largo y lleno de vicisitudes. En nuestro primer libro, *¡Bendíceme también a mí, padre mío!*, mencionamos que nosotros, como padres, más que criar hijos, estábamos criando futuros padres, ¡y obviamente también futuros esposos! Por eso cada esfuerzo por instruir a nuestros hijos en obediencia y temor de Dios, se convierte en una semilla que dará fruto (y mucho fruto, créame) cuando ellos se casen.

El amor, el cuidado y la valoración que anhele fervientemente la damisela que se case con nuestro hijo, será el fruto de nuestro esfuerzo y nuestro testimonio. Así mismo, la honra, el respeto y la admiración que necesite ese varón de Dios que se case con nuestra hija, es también "nuestro problema". Por eso, las preguntas que le hago ahora son:

¿Está criando realmente una María?

¿Está criando un José?

Seamos justos con la descendencia de los demás, así como queremos que lo sean con la nuestra.

6

BIENVENIDO EL CORTEJO

Cómo abordar esta etapa

Esta es, quizás, la parte más compleja de este libro. Hemos visto con detenimiento una hermosa e inspiradora historia en la vida de José y María, quienes, definitivamente, se convirtieron en el ideal de yerno y nuera. Vimos el rol de los padres, y lo que necesitan el hombre y la mujer para vivir a plenitud una relación de pareja.

¿Dónde viene lo complejo? En que es hora de hablar de todas las variables reales que implica una relación amorosa en este desafiante siglo. Es hora de saber cómo las virtudes ancestrales de José y María se tendrían que aplicar en medio de una sociedad moderna, llena de caos, desinformación, injusticia y egoísmo.

Le pongo un ejemplo: ¿Qué tratamiento cree usted que se le debe dar a una naciente relación con alguien que usted no considera como el mejor candidato (o candidata)?

¿Qué haría usted?

No se apresure, no responda. ¡Estamos cuidando su corazón y sus palabras! Eso fue solo un ejemplo, pero también es un indicio de lo complicado que resulta enfrentar las múltiples situaciones que se presentan en las nacientes relaciones amorosas de nuestros jóvenes hijos. Quizás no lleguemos a cubrir el amplísimo espectro de situaciones, pero estamos seguros que los siguientes temas serán una guía muy útil para usted.

Seremos prudentes. Como Dios manda. Dice la Biblia, en Proverbios 8:14: *"Mío es el consejo y la prudencia, yo soy la inteligencia, el poder es mío"*. Aconsejaremos desde la norma, mas no a partir de las excepciones. Dios nos dejó, a usted y a mí, mandatos que nos servirían para una sana convivencia. No pierda de vista que son mandatos, no sugerencias. Él no nos está pidiendo "por favor" que hagamos lo que nos pide. Tampoco nos está haciendo una sugerencia, que si queremos la tomamos o que si queremos la descartamos. Él tiene para nosotros mandatos que se obedecen o desobedecen, tan sencillo y vertical como eso.

Pero, ¿qué ha hecho el hombre en este tiempo? Confundir los mandatos divinos con leyes humanas, ya que tendemos a acomodar todo para que las cosas siempre nos favorezcan, de modo que terminamos obedeciendo a los pensamientos del hombre, y no los principios de Dios. Usted debe ser prudente, tal como lo dice la Palabra de Dios, y ceñirse a lo que Dios quiere. ¡Él quiere lo mejor para usted!

Veamos cómo funciona esto con un simple ejemplo. Si nos remitimos a 1 Corintios 6:9-10, encontraremos el siguiente texto:

> ¿O no sabéis que los injustos no heredarán el reino de Dios? No os dejéis engañar: ni los inmorales, ni los idólatras, ni los adúlteros, ni los afeminados, ni los homosexuales, ni los ladrones, ni los avaros, ni los borrachos, ni los difamadores, ni los estafadores heredarán el reino de Dios.

Esta es una clarísima y detallada lista de quienes no heredarán el reino de Dios. Usted debe haberla visto más de una vez. No es una declaración mía; es algo que nuestro poderoso Dios lo afirmó, así que su validez es absoluta y eterna.

De esta lista que describe la Biblia, quedémonos -para el ejemplo- con la primera particularidad: los inmorales. Aquí la Palabra de Dios es clara y cristalina: "los inmorales… no heredarán el reino de Dios". No se ha dicho, por ejemplo, "los que tienen relaciones sexuales con su esposo (o esposa) más de una vez al día, son pecadores". No estoy exagerando. Este puede ser el discurso de algunas personas, sin embargo, de esta declaración bíblica mucha gente ha sacado ingentes leyes humanas inservibles, que solo dificultan la sana convivencia.

¿Se imagina también a algunas personas diciendo "el sexo es sucio"? Eso también puede pasar. Las personas que hacen estas declaraciones ignoran que todo lo que hace Dios lo hace bueno, ¡y en gran manera! Una sana sexualidad, de acuerdo con los estándares de Dios, es una poderosa arma de guerra en el matrimonio. Eso lo explicamos con más detalle en nuestro libro *El Poder del Amor*.

Me disculpo por no citar a un profeta y que, esta vez, mi fuente sea un cómic, pero alguna vez leí a Mafalda y decía: "Hay de todo en este supermercado de Dios". Así es; hay de todo y se dice de todo. No hay peor cosa que distorsionar los principios de Dios para acomodarlos a lo que yo pienso.

Porque también podríamos encontrar a personas inmorales que engañan a su cónyuge manteniendo una relación paralela, pero que no se sienten aludidas cuando la Biblia dice *"los inmorales… no heredarán el reino de Dios"*. He conocido algunas personas que sienten justificada su infidelidad porque "en casa no encuentran el respeto y/o amor que se merecen". Así de distorsionado está el mundo, y así es como distorsionamos las leyes de Dios. Lo peor de todo es que, en este aspecto, la Biblia dice que tampoco los adúlteros heredarán el reino de Dios. Aquí sí encontramos una ley divina para una situación específica.

En esta perspectiva queremos entrar al mundo real, aquel donde podemos encontrar a adolescentes y jóvenes enamoradizos que creen haber hallado el sublime amor en una mirada; o aquel donde encontramos a jovencitas cristianas "enamorándose perdidamente" de un típico "chico malo", que no le importa Dios, ni las reglas, ni nadie. ¿Qué hacer en estos casos?

El cortejo

Abordaremos temas puntuales más adelante. Ahora empecemos hablando sobre el cortejo, entiéndase la etapa de cortejar o hacer la corte. Aquí es donde las historias comienzan. Especialmente en este tiempo, el tema de las relaciones amorosas entre los jóvenes ha sido difícil de abordar, y sin duda, ha sido imposible encontrar un consenso para determinar cómo se debe dar inicio a una relación, y cómo llevarla de una manera saludable.

Como pastores de una iglesia, y especialmente de una iglesia que busca fortalecer a la familia, tenemos el deber de dirigir a los jóvenes en un sano proceso para entablar relaciones que tengan como resultado matrimonios para toda la vida. Es por eso que aplicamos la siguiente máxima:

Amistades largas, noviazgos cortos, matrimonios para toda la vida.

Además, hemos diseñado un curso llamado "Noviazgo a Prueba", donde en aproximadamente diez semanas, los novios son desafiados a revisar las áreas de su vida que se verán más "afectadas" por esta nueva forma de vivir que es el matrimonio. ¡Esto es tan necesario! El Dr. Edwin Louis Cole decía: "La manera cómo sales de un lugar determinará la manera cómo entras al siguiente". Aplicándolo al cortejo, podríamos decir: "La manera cómo sales del noviazgo, determina cómo entras en el matrimonio".

> LA MANERA CÓMO SALES DEL NOVIAZGO, DETERMINA CÓMO ENTRAS EN EL MATRIMONIO.

Empezar una relación saludable, y mantenerla de acuerdo con los estándares de Dios, es algo que cada vez se está poniendo más difícil; lo reconocemos. Por eso lo que queremos hacer es sugerir un modo de proceder que, a nuestro entender, está de acuerdo con los patrones bíblicos. Recuerde que usted será quien, finalmente, determinará el camino que sus hijos han de seguir en este proceso.

Hoy en día vemos a muchos jovencitos, y aun adolescentes, que empiezan relaciones sentimentales con una facilidad asombrosa. Si nosotros no definimos los límites para determinar (y separar) lo correcto de lo incorrecto, corremos el riesgo de que relaciones breves y sin sentido pululen en nuestra juventud. Un cortejo de acuerdo a los planes de Dios siempre será el camino correcto hacia un matrimonio para toda la vida. Un enamoramiento sin pies ni cabeza lo único que trae es desazón y corazones destrozados.

Pero al final, usted decide.

En este objetivo de participar amorosamente en la elección de la persona para toda la vida, debemos estar cerca de nuestros hijos, y ayudarlos en el establecimiento de relaciones con otros jóvenes. Esto es un detalle que no debemos pasar por alto, ¿por qué? Porque esas relaciones son las que probablemente se conviertan en sólidos matrimonios.

Como todo en la vida, hay que ser sabios. Eso implica que sepamos respetar prudentemente la independencia de nuestros hijos. Ellos necesitan saber que nosotros los dejamos desarrollarse como individuos. Claro está que ser independiente no significa que ellos hagan lo que quieran, sino que tengan la madurez suficiente para escuchar, razonar y obedecer.

SER INDEPENDIENTE Y GENERAR DERECHOS TIENE UN REQUISITO BÁSICO: CONTRAER OBLIGACIONES.

Ser independiente y generar derechos tiene un requisito básico: contraer obligaciones.

Algunos padres pretenden influir en las decisiones de sus hijos, y eso no es recomendable. Usted debe respetar las ideas de sus hijos; así ellos lo respetarán más (tanto a usted como a sus ideas). Recuérdeles siempre que usted está a su disposición para ayudarlos a afrontar sus problemas, y aconséjeles acerca de las soluciones que, en su opinión, pueden resultar más útiles.

Sus hijos siempre esperarán disfrutar de una libertad cada vez mayor. Cuando usted decida que es el momento de ampliar los límites debido a que los chicos empezaron a salir con personas del sexo opuesto, asegúrese de que entiendan las responsabilidades que conlleva disponer de más autonomía y, esto es muy importante: asegúrese de que salgan en grupo.

¿Perdón? ¿Cómo es eso?

Tan sencillo como lo leyó. Asegúrese de que las salidas sean en grupo. ¿Qué ganamos con esto? Pues evitar una innecesaria intimidad con alguien del sexo opuesto a la hora del cine, de la cena o de cualquier actividad juvenil. Es obvio que eso en algún momento tendrá que suceder; si no, ¿cómo podrían nuestros hijos llegar a conocer al amor de su vida?

Pero este cuidado a edad temprana es una saludable manera de proceder.

Hay una frase que mencionamos líneas atrás, y que es prudente repetir. Ella nos dice cómo debería transcurrir el hermoso proceso de cortejo, noviazgo y posterior matrimonio: **Amistades largas, noviazgos cortos, matrimonios para toda la vida.** En ese sentido, las salidas en grupo permiten el inicio de estas amistades largas, que tienen que ir fortaleciéndose con el paso de tiempo.

Siéntese con sus hijos en una conversación afable, y explíqueles que no hay manera más adecuada para hacer planes a largo plazo que teniendo una amistad sólida con la persona en que depositen sus ojos y su corazón. La amistad, así como la relación con Dios, se fortalece con el diálogo, andar juntos y llegar a un buen nivel de confianza. Usted no debe ser una piedra de tropiezo cuando su hijo conozca a alguien, pero sí debe estar vigilante.

Como decíamos líneas atrás, en la actualidad los jóvenes mantienen relaciones sentimentales comúnmente llamadas "enamoramiento", que lo único que traen consigo es un gran caos espiritual. Desde acá proponemos que el cortejo sea el sello de todo hijo de Dios que pretende establecer una relación para toda la vida. Veamos a continuación las grandes diferencias entre el modelo que nos propone Dios, el cortejo, y el modelo que nos propone el mundo posmoderno: el enamoramiento. Las diferencias saltan a la vista. Esperamos que, como padre o madre, las pueda tener presentes en todo momento.

Cortejo vs. enamoramiento

En el cortejo, la relación emocional se basa en el aspecto espiritual, por lo tanto la parte física pasa a un segundo plano. Si usted piensa en cómo empiezan la mayoría de relaciones entre los jóvenes, podrá notar que el argumento mayoritario es "ese chico es muy guapo" o "esa chica me gusta". ¡Es cierto, así suelen empezar! Pero esto no puede (y no debe) ser un factor determinante para el inicio de una relación, y menos aún para prolongar esta relación en el tiempo.

> ORIENTE A SUS HIJOS HACIA UNA SANA RELACIÓN ESPIRITUAL A TRAVÉS DEL CORTEJO.

Oriente a sus hijos hacia una sana relación espiritual a través del cortejo, e instrúyalos para que esa relación tenga un propósito a largo plazo. Actualmente los jóvenes suelen hablar de sus relaciones anteriores como si conversaran de las zapatillas que usaron, entonces los "coleccionistas" se jactan de haber tenido cuatro o cinco enamoradas o enamorados, y los temas de conversación giran en torno a las anécdotas con cada una de las personas que desfilaron y que se ganaron el título de "exenamorado(a)".

El conocido "enamoramiento" acostumbra a nuestros hijos a pensar que las relaciones pueden empezar y terminar en cualquier momento. La idea de "me di cuenta que él (ella) no era para mí" ha creado una generación de jóvenes faltos de compromiso en todas las áreas de su vida, pero sobre todo una generación que no tiene la capacidad de pensar en cómo se sienten los demás, porque están muy ocupados pensando en sí mismos.

¿Es saludable para los chicos tener relaciones breves y "descartables"? Claro que no. Esto destroza corazones e ilusiones, y lo peor es que muchos jóvenes inestables no pueden evitar cargar una pesada cruz con la etiqueta "no lo hice bien". En un cóctel explosivo de inseguridad e inestabilidad (y combinado con una gran falta de propósito), estos "enamoramientos" o relaciones temporales lo único que hacen es dañar a las personas. ¡Por eso el cortejo es tan saludable!

La honestidad es el sello de un sano cortejo, y así lo deben entender nuestros hijos al momento de pretender establecer una relación. En cambio, la mayoría de las relaciones de enamoramiento se basan en las apariencias. ¡Es imposible pensar en un largo plazo si no hay honestidad de por medio! Claro, en función a esa honestidad es que los jóvenes que desarrollan una sana relación de cortejo están dispuestos a asumir las responsabilidades que conlleva esto.

La primera y gran responsabilidad es pensar en que la relación que están construyendo no es algo temporal, sino es un proyecto a largo plazo donde se apunta a tener una familia. La mayoría de los jóvenes que se involucran en enamoramientos no están pensando en esto, se lo aseguro. Y si algo no empieza con esa solidez, sin duda terminará desmoronándose ante cualquier temporal. Es triste, pero es una realidad. Miles de jóvenes van saltando de una relación a otra, y en cada relación que terminan se quedan con el corazón destrozado. Lo maravilloso del cortejo es que la relación se pone en las manos de Dios, y Él es el que se encarga de proveer un sentimiento duradero.

Por otro lado, a diferencia de un simple enamoramiento, en el cortejo los padres juegan un papel muy importante. Ellos opinan, bendicen y dan cobertura para que la relación pueda prosperar. No hay que decir mucho acerca de la participación de los padres en los quebradizos enamoramientos; ellos nunca suelen saber nada.

> MILES DE JÓVENES VAN SALTANDO DE UNA RELACIÓN A OTRA, Y EN CADA RELACIÓN QUE TERMINAN SE QUEDAN CON EL CORAZÓN DESTROZADO.

Los hijos pasan aventuras, decepciones y todo tipo de experiencias, y esta es una realidad paralela de la cual los padres jamás se enteran. Esto no es saludable, ni para los padres ni para los hijos.

Ante este panorama, el cortejo emerge como la opción correcta, válida y que prepara a nuestros jóvenes para un matrimonio para toda la vida. Por oposición, el enamoramiento, sin duda alguna, es una suerte de preparación para el divorcio. Dígale a sus hijos que disfruten el amor de Dios a través del cortejo, e imprégneles el significado del amor: satisfacer las necesidades de los demás, y pensar menos en uno mismo.

En estos días es frecuente ver matrimonios que se acaban en poco tiempo. La separación y el divorcio han pasado a ser herramientas válidas para quienes "están hartos de todo lo que viven". Ese hartazgo tiene dos facetas muy marcadas: la primera es la motivación totalmente egoísta que tienen todos los que renuncian al pacto matrimonial. Y ni siquiera vamos a hablar de la ingente cantidad de hijos abandonados porque los padres "ya se cansaron".

La segunda faceta es el instantáneo y fácil olvido de lo prometido el día de la boda. Todos los que nos hemos casado hemos hecho los votos de amar, respetar y cuidar a nuestro cónyuge hasta que la muerte nos separe, sin embargo, esto ya no cuenta; hoy la filosofía es "si lo dije, no me acuerdo".

Esta etapa en la vida de nuestros hijos será manejada por ellos según el modelo que nosotros les inculquemos. La vida transcurre así: lo que sembramos, cosechamos. Estamos llamados, y de manera urgente, a fomentar relaciones sobrias, saludables y, sobre todo, perdurables.

Más allá de una cara bonita

Mencionábamos líneas atrás que el enamoramiento empieza con la atracción física. Esto es parte de la realidad de todo ser humano, y más aún cuando uno es más joven. Es algo que Dios ha depositado en nuestras vidas. Definitivamente, para empezar una relación, de alguna manera siempre estará presente el aspecto físico, por lo tanto, tiene que haber una atracción. Todos sabemos, en el fondo, que eso no es lo que debe primar, pero para casi la totalidad de los adolescentes y una buena porción de los jóvenes, este aspecto resulta fundamental. Por eso es que la adolescencia no es el momento más adecuado para establecer relaciones que duren para toda la vida, incluso en los primeros años de juventud.

La inmadurez en las personas que entablan una relación tiene esta escala de prioridades:

Primero, el cuerpo.

Segundo, el alma.

Tercero, el espíritu.

Esto es típico de una relación inmadura. Es por eso que este tipo de unión no prospera o crece endeble, sin poder resistir las sacudidas a las que todos los matrimonios están expuestos.

Una relación madura, en cambio, tiene el siguiente orden:

Primero, el espíritu.

Segundo, el alma.

Tercero, el cuerpo.

Sin duda, "todo entra por los ojos". Por eso es que, normalmente, el cuerpo está primero en la lista. Fijarse en una cara bonita es natural; somos seres humanos y apreciamos la belleza. No obstante, la belleza física se ha convertido en un objeto de culto en este tiempo. Así están las cosas: el "culto al yo" se ha convertido en la tendencia mundial. "No hay nada más importante que yo", y "quiero todo para mí" parecen ser las premisas más importantes.

El "culto al yo" es lo peor que nos ha podido pasar. De allí salen muchos de los antivalores de este tiempo. Por ejemplo, pensemos en el divorcio: miles de niños sufren por este quiebre en la familia, y esto se origina porque uno o ambos cónyuges dicen: "¡YO ya no puedo más!". Ellos ya no quieren caminar la milla extra del perdón y la reconciliación, simplemente "están cansados de todo", y la salida más práctica es la separación. Total, así se libran del "problema", y viven en paz a expensas de la completa destrucción de la familia, y de las heridas con que cada uno se queda por largo tiempo.

Otro ejemplo actual: las redes sociales. No tengo nada en contra de la tecnología ni de las nuevas tendencias de comunicación, pero lo cierto es que las redes sociales se han convertido en un universo paralelo, donde muestro todo lo bonito acerca de mí: mi mejor *selfie*, las sabrosas cosas que como a diario, mis viajes más espectaculares, mis grandes compras, y mi manera de ayudar a las personas (si es que lo hago). ¡Todo se trata de mostrar MI hermosa vida!

Si hablamos de esto, no podemos dejar de mencionar que la gran mayoría de las personas que construyen este universo paralelo viven una vida muy diferente en la realidad. No es para menos; a nadie le gustaría mostrar lo miserable que es su vida. No obstante, hay un exagerado esfuerzo por mostrar una realidad de bienestar, de triunfo, de "yo estoy bien, ¡mírenlo!".

Este exagerado amor al yo nos está quitando, poco a poco, la capacidad de ver a las personas por dentro, por el mismo hecho de darle tanto valor al "cascarón". Nos afecta a nosotros y, cómo no, afecta enormemente a las siguientes generaciones.

Nuestros hijos deben ser instruidos desde pequeños para saber apreciar el interior de las personas. De esa manera cuando crezcan, sabrán que el aprecio que sienten por alguien va más allá de una cara bonita. Recuerdo haber hablado con mis hijos de lo importante que es el interior de las personas. Les advertí, cuando pequeños, que en el colegio se iban a encontrar con todo tipo de personas, y que quizás algunas serían un poco diferentes por algún motivo. Les dije que el deber de ellos (mis hijos) era acercarse a aquellas personas, y quererlas así como se quiere al resto de los amiguitos. Esto fue determinante para hablar, a medida que crecían, de lo importante que era apreciar el interior de las personas.

Si usted sabe que sus hijos son conscientes del valor de las personas por lo que son, y no como se ven, uno de los aspectos que produce más decepciones en las nacientes relaciones entre jóvenes ya no será un problema. Si usted nunca habló con sus hijos de este tema, nunca es tarde para instruirlos. No pase esto por alto. El impacto del "amor a primera vista" es a veces muy fuerte, y si sus hijos están "convencidos" de que realmente encontraron el amor, se desatará una lucha de titanes.

Explíqueles las cosas a partir de la famosa premisa "amistades largas, noviazgos cortos, matrimonios para toda la vida". Una buena relación se construye conociendo a la persona, frecuentándola; por eso es ideal que las amistades sean largas. Y aprovecho para exhortarlo a usted también, padre o madre de familia: ¿Quiere conocer realmente a Dios y conectarse con Él? Frecuéntelo, pase tiempo con Él, lea Su Palabra, medite en ella, y ore permanentemente. En resumen, sea una persona madura y ponga en primer orden al espíritu. Recuerde que el ejemplo siempre vale más que mil palabras. Su relación con Dios puede resultar determinante para el consejo que usted quiere darle a su hijo.

Todo mi cerebro es para ti... ¡Te amo!

El amor es algo que nace de Dios; de eso no cabe duda. Su origen está en el Señor porque Dios es amor. En Su Palabra, a través de Pablo, Él mismo nos ha dicho cómo es el amor, describiéndolo en la carta que envió el apóstol a los ciudadanos de Corinto:

> *El amor es paciente, es bondadoso; el amor no tiene envidia; el amor no es jactancioso, no es arrogante; no se porta indecorosamente; no busca lo suyo, no se irrita, no toma en cuenta el mal recibido; no se regocija de la injusticia, sino que se alegra con la verdad; todo*

lo sufre, todo lo cree, todo lo espera, todo lo soporta
(1 Corintios 13:4-7)

El amor, a través de los siglos, ha inspirado canciones, poemas, hermosos lienzos, y muchas expresiones artísticas. Ese intenso amor que mueve al mundo y lo transforma, brota del corazón, nos envuelve con la más suave caricia, y nos invita a soñar. Ese amor romántico cuya única casa es el corazón de cada persona... nace en el cerebro.

¿Perdón? ¿Cómo dijo?

Sí, como lo leyó. A través de reacciones químicas poderosas que se dan cuando vamos conociendo a la persona que nos quita el sueño, toda esta gran aventura de amor se inicia en el cerebro. ¡Así que la próxima vez que dibuje a Cupido, esa flecha tendrá que atravesar un cerebro, no un corazón!

La sabiduría de Dios es extraordinaria. Él permite una tormenta de hormonas que provoca esta primera e intensa atracción, ¡pero no para toda la vida! Los entendidos dicen que esta sensación de éxtasis hormonal debe durar aproximadamente tres años; y después de este tiempo, este éxtasis se experimenta solamente a través de la relación sexual. Entonces, se desprende que si al cabo de los tres años la pareja no ha establecido

> TODA ESTA GRAN AVENTURA DE AMOR SE INICIA EN EL CEREBRO.

otros sólidos vínculos, la relación se muere, porque simplemente "ya no siento lo que antes sentía".

Esta última frase (ya no siento lo que antes sentía) es más que interesante, así que vamos a reservarla para más adelante, ya que hay mucho por hablar de ella. Ahora volvamos al colegio por unos minutos, e imagínese que soy su profesor de química. Porque para hablar de esa extraña sensación que sienten nuestros hijos cuando son flechados, es inevitable hablar de la explosión química que ocurre en el cuerpo de nuestros hijos, y que coadyuva grandemente a lo que significa el enamoramiento.

Empezaremos este sencillo análisis químico nombrando primero a la feniletilamina. Si ni lo leyó bien a la primera, no se preocupe, casi nadie lo hace. Cuando la fe-ni-le-ti-la-mi-na (ahora sí, por favor, apréndaselo), es producida por el cerebro, ¡el amor llega!. Esta droga natural, producida por el cuerpo humano, es conocida por muchos como "la hormona del amor a primera vista". Cuando usted se enamora, la feniletilamina (o FEA, para evitar el trabalenguas), se eleva, y produce un efecto parecido a las anfetaminas. La energía se desborda, se siente placer, optimismo y excitación, se idealiza a la persona elegida, y solo con pensar en ella, se acelera el metabolismo y disminuye el apetito.

La FEA es una hormona que varía con nuestros estados de ánimo. Actúa junto a las feromonas en la atracción entre sexos. Responde a estímulos visuales provocando la atracción a primera vista o flechazo. Se le considera antidepresiva, y su concentración aumenta con las novelas de amor, las películas románticas, artículos eróticos y la música. El chocolate y las rosas contienen FEA en altas dosis. Es el motivo de que los bombones y las rosas sean regalos tradicionales entre enamorados.[1]

A la FEA le asignan también la responsabilidad de algo que usted y yo conocemos muy bien: las famosas "mariposas en el estómago". Espero que la memoria no le falle, y le permita recordar esos dulces momentos en que usted veía a su amado (o amada) y... ¡wow! podía sentir los nervios que lo traicionaban, pasaba con dificultad la saliva, y finalmente sentía una permanente sensación extraña en el estómago. Ya sabe quien fue la culpable: la feniletilamina.

Otro compuesto importante en esta etapa de enamoramiento es la dopamina, a la que se le asigna la tremenda responsabilidad de la fidelidad. ¿Por qué? Pues la dopamina es también llamada la hormona del placer. Es un neurotransmisor que provoca que repitamos las acciones que nos provocan placer. Su lado gris radica en que se le asocia a la dependencia de drogas, alcohol y tabaco. Pero aparte de ese lado gris, también tiene un lado más oscuro: parece que las personas adictas a la dopamina son incapaces de mantener relaciones estables, y van de flor en flor, sin comprometerse. Necesitan las sensaciones que producen los primeros momentos de una relación, y cuando se acaba el "subidón" hormonal, pierden el interés por su pareja y buscan nuevas experiencias.[2]

Acabamos de ver los extremos a los que se llega con la ayuda de la dopamina, pero lo normal es que en el momento del enamoramiento, la dopamina nos persuada a estar en todo momento con la persona amada. ¿Recuerda que dijimos que es un neurotransmisor que provoca que repitamos las acciones que nos provocan placer?

Nuestro cuerpo es un sinfín de complejos procesos físicos, y parte de esto es la producción de estas hormonas. Por eso ahora le quiero contar que la serotonina también llega a visitarnos, y viene en son de paz. ¡La serotonina es la hormona del amor para siempre!

Cuando se acaba la fascinación inicial, las hormonas anteriores empiezan a disminuir, y aparecen otras sustancias como la serotonina, responsable de las sensaciones de tranquilidad, paz interior, seguridad y placidez que caracterizan a las parejas estables. Dejamos de ver al ser amado como una persona fascinante y sin defectos, y empezamos a apreciar los beneficios de una relación estable, menos pasional y más llevadera con la vida diaria.

Si la pareja tiene futuro, la pareja va dejando a un lado los ideales, y empieza a construir un futuro en común. Cuando una pareja es inestable puede deberse a incompatibilidad de caracteres, y la pasión no es suficiente para mantener la relación en el tiempo. Aparecen las discusiones, los problemas, y tras un periodo de tiempo variable sobreviene la ruptura de la relación. Los antropólogos explican la aparición de esta hormona en la evolución como un mecanismo para mantener la especie. El amor a primera vista provoca muchas veces una mera atracción sexual, pero las parejas que se mantienen estables tienen más probabilidades de tener hijos y cuidarlos juntos, protegiéndolos durante la larga infancia de la especie humana. [3]

¡Qué fascinante! ¡Y solo hemos visto tres compuestos! Pero como esto no es un tratado de química, nos detenemos aquí para que esto nos sirva como base de un consejo importante: tome con pinzas este tiempo en que sus hijos caen flechados por Cupido. Estamos enfrentados a una persona literalmente capturada física y espiritualmente, así que si usted percibe alguna "ceguera" de parte de su hijo o de su hija hacia las recomendaciones que buenamente usted le da, mire el panorama completo: hay una tormenta química que invita al paroxismo en las apreciaciones de nuestros muchachos. Pida sabiduría; sea sabio.

Ya no siento lo que sentía

Regresamos a esta famosa frase.

Dios, en su inmensa sabiduría, creó este primer encuentro de éxtasis hormonal que provoca que todos los días los enamorados quieran estar juntos, se llamen, se digan cosas bonitas, y que hagan decenas de cosas más. Los expertos afirman que después de tres años, ese éxtasis hormonal va disminuyendo gradualmente. Entonces, si muchas de las cosas que los enamorados sentían, eran por este éxtasis hormonal, y todo esto baja aproximadamente a los tres años, esta famosa frase termina siendo cierta, lógica y muy bien usada.

Con esta tormenta química menguando, de hecho que nuestros jóvenes enamoradizos, o los recién casados ya no sienten lo que antes sentían. Aquí entran a tallar los lazos racionales que se han ido construyendo a lo largo del tiempo, los cuales se convierten en pilares fundamentales de la relación. Sobre todo, se debe erigir un objetivo común en Cristo como piedra fundamental para que la relación sobreviva.

Pero me gustaría ser más gráfico en esta parte. Le voy a contar una pequeña historia: se trata de dos muchachos que llegaron a la conclusión de que querían vivir juntos para toda su vida, ¡así que el matrimonio era lo que ellos necesitaban!

Estos muchachos acudieron a un consejero matrimonial para que los orientara a implementar esta crucial decisión. ¡Ellos eran muy inteligentes! Sentados, delante de él, le confesaron sus buenas intenciones de llegar al altar ¡porque se sentían tan enamorados! Ella no dejaba de decir que se sentía en las nubes conversando y pensando en él toda la noche, y estaba sorprendida de poder amanecerse sin cansarse. ¡Sin duda estaba enamorada!

Por otro lado, él no dejaba de hablar de las "mariposas" que sentía en el estómago cuando la veía, y confesó que -aunque le daba vergüenza admitirlo- se sentía como los personajes enamorados de los dibujos animados, a quienes los pajaritos les daban vueltas alrededor de la cabeza. A partir de ahí él tenía la certeza: estaba total y perdidamente enamorado.

El consejero los escuchó atentamente y les dijo:

"Muy bonito. Los felicito. ¿Y cuál es la razón por la que quieren casarse?".

"Pero... ehhh... ¡Ya se lo dijimos!".

"Ustedes solamente me han dicho qué es lo que están sintiendo. No me han dado una buena razón por la que quieren casarse".

"¡Eso no es verdad! Ya le dijimos que estamos muy enamorados, lo podemos ver por esas cosas bonitas que sentimos, por nuestras largas conversaciones, las mariposas en el estómago, las estrellitas sobre nosotros. ¿Qué más podemos pedir?".

"Pues bien", dijo pausadamente el consejero, "les voy a explicar algo que nunca deben olvidar. No está mal sentir todo lo que están sintiendo, por el contrario, es muy natural. No obstante, llegará el momento -no lo duden- en que todas estas sensaciones bonitas como las mariposas, las estrellitas, y esa fuerza "sobrenatural" para no dormir conversando, todo eso se irá. Y cuando vengan los problemas de todo matrimonio, sean económicos, por celos, por mala comunicación, o de cualquier índole, lo único que va a sostenerlos es la firme decisión de amar a la persona que tienen al lado. Me refiero a la voluntad que ustedes tengan de quedarse con quien prometieron quedarse. Entonces, mi recomendación es: conózcanse, sean amigos, y una vez que establezcan lazos firmes y perdurables, piensen en comprometerse en un noviazgo no muy largo; y así, vayan directo a un buen matrimonio".

Como era de esperarse, la pareja se quedó muda, y entendió lo que el consejero quiso decir.

De la misma forma, el anhelo de mi corazón es que usted pueda transmitirles a sus hijos cuán importante es entablar vínculos sólidos, especialmente uno que esté cimentado en el propósito de Dios para nuestra vida. De no ser así, en el primer asomo de la frase "ya no siento lo que antes sentía", podremos vislumbrar el derrumbe de una relación basada en sensaciones.

Así es como opera el amor en los jóvenes; por sensaciones. Sensaciones que vienen de una gran revolución química, y que son reforzadas por el bombardeo inmisericorde de los medios de comunicación, que ya vimos cómo nos vende la idea del amor.

¿Y qué hacemos si nuestros hijos de enamoran de personas no cristianas?

Sin duda, este es un tema que preocupa a todo padre cristiano: el enamoramiento de nuestros hijos, jóvenes creyentes en Cristo, con personas inconversas a las que -dependiendo del grado de desinterés- poco o nada les importa todo lo relacionado a la fe cristiana.

¿Qué hacer como padres en esta situación? Tengo un consejo para usted, pero antes exploremos el término bíblico "yugo desigual", que es como llama la Biblia a la unión de un cristiano con una persona no creyente. Empecemos por citar la porción bíblica donde el apóstol Pablo habla claramente sobre este tema.

> No estéis unidos en yugo desigual con los incrédulos, pues ¿qué asociación tienen la justicia y la iniquidad? ¿O qué comunión la luz con las tinieblas? ¿O qué armonía tiene Cristo con Belial? ¿O qué tiene en común un creyente con un incrédulo? (2 Corintios 6:14-15).

Pablo no nos da lugar a dudas, reclamos o murmuraciones. De parte de Dios, nos dice en forma tajante: "*No estéis unidos en yugo desigual con los incrédulos*". Usted ya sabe. Dios, a través de Su Palabra, no nos da sugerencias. Tiene mandatos que se obedecen o desobedecen. Pero hay una realidad, y es que es muy probable que aun con este mandato, nuestros hijos se involucren con una persona no creyente. Al final, la explosión hormonal (y le podríamos añadir un capricho a prueba de balas) puede desatar las situaciones más complicadas en el tema del enamoramiento.

Yo sé que la pregunta "¿qué hacer?" sigue flotando en su cabeza. Le ruego que deje la burbujita flotando allí mismo para hablar un poco de lo que significa, en la realidad, un yugo desigual.

Si usted busca en el diccionario lo que significa la palabra "yugo", de inmediato encontrará que la primera definición tiene que ver con un instrumento de madera que se le suele poner alrededor del cuello a los bueyes (o a otros animales que puedan cumplir la misma función), de manera que entre los dos realicen el mismo esfuerzo para halar el arado.

El yugo es una sola pieza y tiene dos lados iguales para que cada uno de los dos bueyes esté firmemente sujeto. De ninguna manera podrían ser dos bueyes de diferente tamaño. ¿Usted puede suponer lo que pasaría si fuera así? El buey más grande tendría que tomar una incómoda posición para que el buey más chico pudiera caminar. Pero hay otro escenario más absurdo: un yugo desigual. ¿Se imagina a un buey y a una oveja tratando de halar el arado? Sin duda uno haría más esfuerzo que el otro, sin mencionar que el yugo, como objeto, tendría que ser muy desigual para que se pueda acomodar a dos animales tan diferentes.

Pues así de complicado es el hecho de que una persona cristiana se una en matrimonio a una persona no cristiana. Sin embargo, siempre existirán quienes están convencidos de que pueden iniciar una "operación rescate", y por eso se aventuran a la titánica tarea de intentar traer a los pies de Cristo a la pareja, mientras van caminando en una relación.

¡Vamos al rescate!

Este es el conocido discurso de los abanderados de la operación rescate:

"Lo conozco, y sé que puede cambiar. Es un buen chico, estoy segura que con el tiempo las cosas que no andan bien en su vida, cambiarán. Y sé que Dios le dará una oportunidad. Él es el hombre de mi vida y me casaré con él".

Puse el ejemplo de la mujer que habla sobre quien puede convertirse en el hombre de su vida, pero es obvio que también puede ser a la inversa: el chico cristiano enamorado que se encontró con una jovencita no creyente, quien es "el amor de su vida". Como quiera que sea la situación, hay una verdad que no podemos obviar: efectivamente, puede darse el caso de que el no creyente termine abrazando la fe cristiana, y así la optimista visión del creyente se haga realidad, pero tenga en cuenta algo. Esto, sin duda, es la excepción, y no es la regla; y ya dijimos que no es prudente dar un consejo a partir de la excepción. Se da un consejo a partir de la regla.

Usted debe saber que por cada maravilloso caso en los que el no creyente termina convirtiéndose, hay decenas de matrimonios que han terminado fracasando por la falta de un objetivo común en el área espiritual. Esto lo hemos visto con nuestros propios ojos a lo largo de muchos años aconsejando a las familias. Son historias dolorosas que hubieran podido evitarse si los padres hablaran con sus hijos de la realidad de las estadísticas de los matrimonios entre dos personas que no comparten la fe en Cristo.

Kathy Keller, en un artículo para el sitio *web The Gospel Coalition*, menciona lo siguiente: "La profunda unidad y comunión de un matrimonio no puede florecer cuando una pareja no puede participar plenamente en los compromisos más importantes de la otra persona".

Eso está claro. La vida matrimonial es una vida en común acuerdo, donde puede haber diferencias en muchas cosas que no son determinantes en la pareja, como el equipo favorito de fútbol, el estilo de vestir o hasta la postura política, pero en algo tan determinante como la vida espiritual, ¡tiene que existir vida en común! ¿Qué pasará los domingos, que es el día en que la familia debería ir a la iglesia? ¿Y si usted desea servir uno o días a la semana en su iglesia local? Por otro lado, ¿los niños serán enseñados en la fe? ¿Y los momentos en que debemos orar en familia? ¿Qué pasa si hay reuniones en casa? Estas y muchas preguntas son difíciles de resolver cuando no se tiene un norte espiritual en común.

En este nivel, uno de los dos tendrá que reducir al mínimo sus pretensiones personales: o el creyente deja de hacer las cosas que el Señor le dicta hacer, o el no creyente tratará de "acoplarse" a este estilo de vida que no entiende. Sea cual sea la opción, ninguno de los dos podrá durar mucho tiempo haciendo este soberano sacrificio.

El afamado pastor, educador y autor Charles Swindoll decía que cuando nos ponemos un guante blanco y nos vamos al lodo, no es el lodo el que toma el color blanco del guante, sino el guante blanco es el que toma el color sucio del lodo. La brecha que puede existir en un matrimonio de yugo desigual, normalmente se amplía en cuestiones fundamentales como las percepciones de lo bueno y lo malo, los temas morales, y todo lo que afecta a la esencia misma del matrimonio.

El riesgo que el o la joven toma en este "rescate" es extremadamente alto. ¿Puede ocurrir? La respuesta es: sí, puede ocurrir. Pero insistimos; estamos hablando de casos realmente excepcionales. Si usted es joven y soltero, piense bien en lo que está leyendo. Lejos de desanimarle y obstruir el camino a la felicidad verdadera, lo que quiero es ahorrarle un camino largo y mucho más doloroso de lo que usted pueda imaginar, y llevarle por un camino donde, estoy seguro, Dios tiene reservadas cosas hermosas para usted. No intente fungir de rescatista.

Si usted es padre de familia y está viviendo una situación parecida, después de haber leído estos párrafos confío en que la pregunta "¿qué hacer?" que estaba flotando en una burbuja, ya ha sido contestada, y usted tiene un derrotero por el cual transitar. Quisiera agregar una cosa más: ore con sus hijos y por sus hijos. Ellos estarán más confiados si saben (y notan) que la dirección de las decisiones de la familia viene de Dios. Hablarles racionalmente sobre un tema tan complejo no es un tema fácil de digerir, y menos aún si tenemos en cuenta la tan famosa tormenta química que se cierne sobre ellos. Es una tarea muy complicada, pero confíe en que Dios le dará sabiduría, siempre y cuando usted se la pida.

7

CANDIDATOS EN CAMPAÑA

Mmm... Hay algo en él que no me gusta... (palabras de los padres)

Otro tema delicado, sin duda alguna. Aquí el olfato de los padres juega un papel fundamental. Seamos claros. Hay un derecho que tiene que ser ganado por los padres para tener la libertad de hablar de un tema tan delicado como la percepción (en este caso no muy buena) que tenemos del candidato o candidata. ¿Cómo se gana ese derecho? Muy sencillo; siendo padres con una relación madura con Cristo, siendo padres que han aprendido a mirar con los ojos de Dios, teniendo siempre a Jesús como el centro del universo, en resumen, alguien como... usted (yo lo veo como Dios lo ve, no se preocupe).

Porque, ¿se imagina a unos padres inmaduros, que solo ven las cosas superficialmente, tomando una drástica decisión sobre un candidato "indeseable"? (Yo sé que conoce a este tipo de padres, y que usted no es uno de ellos). La pasión siempre será una mala consejera; los apasionamientos causan una ceguera espiritual que nos puede costar muy cara.

Siempre recuerde que Dios honra a los que le honran. La Palabra de Dios insta a los hijos a honrar a los padres, y una de las manifestaciones más importantes de la honra es la obediencia; y parte de la honra es el saber escuchar. Entonces, si el padre tiene algunas observaciones acerca del candidato (o la candidata), y el hijo voluntariamente decide honrar ese consejo, no tardará en llegar el tiempo en que Dios lo honrará. Observemos una porción de la palabra de Dios que menciona algo muy pertinente para este momento:

> *Oye, hijo mío, la instrucción de tu padre, y no abandones la enseñanza de tu madre; porque guirnalda de gracia son para tu cabeza, y collares para tu cuello.* (Proverbios 1:8-9).

Claro, es un versículo muy conveniente para imprimirlo en una hoja muy grande y ponerlo en el cuarto de nuestros hijos cuando así lo requiera la situación. No obstante, recuerde que estamos en una situación donde el consejo tiene que venir de un padre con un verdadero compromiso con Dios. Eso siempre fortalecerá el consejo.

¿Y si en la lucha de titanes nuestras razones no convencen?

Lamentablemente usted tendrá solo dos alternativas: la primera es ignorar al candidato no deseado. Vale la pena aclarar que este no es el mejor consejo para esta sección; le ruego que no se asuste. Ignorar al pretendiente que no nos convence trae el tremendo riesgo de que esto se convierta en una relación furtiva, y esto es algo que no conviene a nadie. Usted no sabrá nada de lo que pasa en el interior de esa relación, y créame que las sorpresas no tardan en llegar.

La segunda alternativa siempre será la más viable, pero también será la que nos tomará más trabajo: conocer al candidato. En esta dirección, usted tiene que ser hábil y creativo. Le pongo un ejemplo: si sabe que hay un chico que está "merodeando" a su bella princesa, y por esas cosas de la vida él va a buscarla a casa y usted abre la puerta, tome esto como una maravillosa oportunidad.

Sé que algunos dirán: "Claro... ¡es una excelente oportunidad para que sepa con quién se está metiendo!". Lo entendemos, este es un punto en el que probablemente las pasiones se exacerban, y los pensamientos van más por el lado de una exhortación que por el lado del diálogo. Sin embargo, regresemos a su maravillosa oportunidad. Piense en que lo tiene justo donde usted lo quería para hacerle las preguntas que le permitirán conocerlo un poco más. Y teniendo en cuenta (para este ejemplo) que las mujeres invierten mucho más tiempo de lo normal en estar listas, eso le da suficiente tiempo para conversar con el aspirante.

Como en el ejemplo, usted tiene que crear los espacios para conocer aquella persona que le quita el sueño a su hijo (hija). Pregúntele acerca de las cosas fundamentales en la vida, y saque usted mismo sus conclusiones. Le damos algunas sugerencias de preguntas que usted puede ir mezclando poco a poco en medio de un ameno diálogo:

+ ¿Qué opinas del matrimonio? (De hecho, estimado lector, le agradeceremos que no empiece un diálogo frontalmente con esta pregunta, ya que el o la pretendiente lo tomará como que usted está formulándola con una tremenda lanza en la mano, blandiéndola amenazantemente, con los ojos inyectados y con sus cejas formando la letra uve).

+ ¿Qué metas profesionales tienes?

+ ¿Cómo te va en el ministerio?

+ ¿Qué significa Dios en tu vida?

+ ¿Cómo te ves de acá a diez años?

+ ¿Cómo te llevas con tus padres?

Estas preguntas son solo algunas de las que usted podría realizar de acuerdo con los intereses que usted tiene. Sin embargo, puede añadir muchas cosas más que desee saber, pero todas deben tener algo en común: ser preguntadas con tino, dentro de un diálogo fluido. Recuerde que un cuestionario puede resultar intimidante para cualquier persona, especialmente para un (o una) joven aspirante a ser miembro de la familia.

No propicie actitudes de rebeldía de su hijo o hija, ignorando por completo a su amor platónico, porque lo único que conseguirá es no tener la oportunidad de conocerlo, y eso sí que es un problema. Sea tolerante, tenga en cuenta que todos merecemos en algún momento una oportunidad. No dudo que a usted también le dieron una en su momento.

No todo el que va a la iglesia es buen candidato

Seamos claros: asistir a una iglesia no es un sello de calidad que garantice que estamos ante el mejor de los candidatos. La iglesia es un lugar que reúne a muchos tipos de personas. Sin embargo, hay tres grupos que destacan visiblemente: las ovejas, los cabritos y los lobos.

Las ovejas son fácilmente identificables. Damos gracias a Dios por ellas porque hacen funcionar una iglesia; y para los que tenemos el privilegio de ser pastores, es un honor contar con cada una de ellas.

Los cabritos son miembros muy *sui generis* en la iglesia. Siempre tienen una palabra a flor de labios, y esta es "pero". Esa palabra la ponen delante de todo porque nunca pueden estar de acuerdo con algo que se les dice. Siempre tienen algo que objetar o algo que cuestionar. ¡Nunca están conformes! ¿Usted cree que es fácil avanzar con una persona así? Definitivamente no.

¿Se imagina a un prospecto de yerno, o nuera, que siempre tenga un "pero" en los labios? Es algo difícil de sobrellevar, es cierto, y si no estamos de acuerdo con el candidato en los temas fundamentales de la vida y la sana convivencia matrimonial, es muy difícil que demos la luz verde a una relación seria.

Por otro lado, usted ya conoce a los lobos, siempre especializados en disfrazarse de ovejas para merodear por donde no deben, y para hacer cosas que no deben. La actitud de los lobos dentro de la iglesia es asombrosa. Se mimetizan como un elemento más entre las ovejas, y muchas veces parecen ser las más dóciles y las más obedientes, pero su objetivo es muy sabido: robar, matar y destruir. ¡Hay que ser muy cuidadosos! Ni usted ni yo queremos que los lobos estén cerca de nuestros hijos.

Llevar al matrimonio esta doble moral es lo peor que puede pasar. De los "malos", usted espera siempre lo malo. Por eso sabe caminar con cautela cuando está cerca de ellos, o en todo caso los evita. ¿Pero qué pasa cuando usted está con los "buenos"? ¿Acaso no camina confiado de que nada le va a pasar? Esa es la tragedia de caminar con los lobos.

No quiero ser pesimista con el panorama de candidatos. Solo quiero que usted dimensione en su verdadera proporción lo que dijimos en el último título: no todo el que va a la iglesia es un buen candidato.

¿El hijo de Fulanito pretendiendo a mi hija? ¡Yo lo conozco bien!

Esta es otra situación más que conocida: sea por el colegio de los chicos, por vivir en la misma zona, por congregar en la misma iglesia, o por cualquier otra razón, muchas familias se conocen, y puede llegar el momento en que usted se vea sorprendido porque el hijo de los Pérez (disculpen todos los Pérez por el ejemplo), esa familia que usted tiene "bajo la mira", está merodeando a su amada hija.

Antes de continuar, le recuerdo que este libro está enfocando situaciones que se pueden presentar tanto para el hombre como para la mujer. En algunos momentos hablaremos de "la chica incorrecta", en otro momento hablaremos del "chico incorrecto". En algunos casos la familia de ella será la "perversa", en algunos casos la familia de él será la que esté bajo la mira. Lo importante es que usted pueda diferenciar, y aplicar a su realidad cada una de estas situaciones. Cada familia es un universo diferente, y dependiendo de ese universo, las cosas podrían resultar como las bosquejamos... o no.

Sepa también que no es nuestra intención tratar de abordar todas las situaciones que se podrían presentar. El universo de circunstancias es infinito, y quizás la situación de su hijo o de su hija sea tan *sui generis*, que ni siquiera hacemos mención de eso aquí. Además, sería imposible reunir la variopinta estela de noviazgos, enamoramientos y atracciones, algunos más complicados, algunos más extraños, y algunos más cerca del propósito que Dios tiene para nuestros hijos.

Hecha la aclaración, sigamos con este difícil ejemplo que proponíamos líneas atrás, y pensemos en qué es lo que podríamos hacer ante la inminente llegada de un joven ávido de conquistar a nuestra princesa, pero que trae consigo la mala reputación de la familia que conocemos hace tantos años.

Hay una verdad en cada familia: es responsabilidad de usted, como padre, velar por absolutamente todo lo que pasa alrededor de sus hijos. Si usted advierte que el jovencito que quiere apoderarse del marbete de "yerno" trae consigo una relación familiar en declive, y realmente no augura ningún futuro de bienestar para su hija, es su deber decir "esto no va".

No obstante, aquí se da el punto de quiebre para las relaciones padre-hijo, ya que usted solo será seriamente escuchado si existe una sólida relación, construida a través de muchos momentos de diálogo y de conexión paternal. Muchos padres se quejan de que los hijos no los escuchan, y que sus consejos no son valorados, pero estos mismos padres no se han preocupado de establecer mecanismos de apertura, donde el corazón del padre se conecte directamente al del hijo.

¡Es la forma como opera la ley de la siembra y la cosecha!

Si este es su caso, es probable que usted tenga que resistir el hecho de caminar por el largo sendero que significa que su hija descubra por su propia cuenta la inconveniencia de esa relación. Eso será un costo muy alto, especialmente para su hija, quien experimentará poco a poco todo aquel dolor que usted quiso ahorrarle.

¿Tengo que dejarle saber a mi hijo que no me entrometeré?

Es lo ideal. Aunque en las familias más saludables dan por descontado que los padres mantendrán una prudente distancia, es apropiado que usted hable con sus hijos y se los diga. Es importante señalar que esta parte la planteamos como parte importante de la etapa de noviazgo, cuando ya hay un serio compromiso de la enamorada parejita.

Usted debe tener no solo una, sino varias charlas sinceras y sin rodeos de lo que significa una relación para toda la vida. El primer punto concreto a discutir debe ser cómo se tiene que replantear la relación con los padres una vez que entramos al matrimonio. Es un tema álgido, y nosotros, como papás, somos los primeros que necesitamos interiorizarlo y entenderlo con la cabeza y con el corazón. Creo que esta etapa podría ser para muchos papás algo que les provocará cierto dolor. Es natural. Despegarnos de algo o de alguien a quien apreciamos siempre será un desafío a nuestro corazón.

No quiero ir con rodeos. Aconsejo que les diga a sus hijos algo así:

Querido hijo (hija), estamos contentos porque estás entrando a una nueva etapa de tu vida, pero debes saber que una de las cosas que sostendrá tu matrimonio es el hecho de que tengas claras las prioridades. *Quiero decir que hasta ahora, después de Dios, tus padres hemos sido lo más importante en tu vida. Nos hemos sentido honrados, queridos y respetados por ti, y te damos las gracias por ello. Sin embargo, una vez que entres al matrimonio, tus prioridades tendrán que cambiar. Cuando te cases, después de Dios, lo principal para ti debe ser tu esposa (esposo).*

¿Significa esto que nosotros nos vamos a un tercer lugar? Sí, así es. Una vez casado, deberás levantar muros saludables sobre tu familia, lo que les permitirá a ustedes cierta independencia y, a la vez, construir una cultura familiar propia. No se trata de relegarnos como papás; se trata de tener a tu esposa siempre presente. Así que si ella quiere descansar y pasar un domingo en casa, y de pronto tú tienes ganas de venir a vernos, mi recomendación es que te quedes en casa junto a tu esposa, y disfruten el día. No dudes en honrarla, porque más beneficiado es el que da la honra que el que la recibe.

Esto es una sugerencia de "*speech*", pero mi deseo es que usted capture la esencia central de este crucial mensaje para los hijos. Cuando los hijos llegan a una relación seria entendiendo

> **ELLOS NECESITAN TENER UNA "ZONA LIBRE DE PADRES" DESDE QUE SE CASAN, Y SOLO LO PODRÁN HACER CON LA AYUDA SINCERA DE USTED.**

esto, usted les ahorra episodios muy tensos y obstáculos innecesarios.

Es curioso, pero en este momento siento que primero debo convencerlo a usted de que esto es lo correcto. Así que... ¡ánimo! estimado lector, así es como debe funcionar esto. Ellos necesitan tener una "zona libre de padres" desde que se casan, y solo lo podrán hacer con la ayuda sincera de usted. Esos muros que mencioné líneas atrás son vitales, y aunque esto nos costará porque nos sentiremos del otro lado del bendito muro, debemos hacer el sincero esfuerzo.

PALABRAS FINALES

Quiero terminar regresando a los personajes centrales de este libro, José y María. Creo, sin temor a equivocarme, que usted ha quedado deslumbrado (así como yo) por una historia muy conocida, pero que guardaba mucho para enseñarnos en esta maravillosa etapa de la elección de la persona con quien nuestros hijos pasarán toda su vida.

José y María mantuvieron su palabra e integridad a lo largo del cortejo, desposorio y finalmente al llegar al matrimonio, a pesar de los monumentales desafíos que experimentaron. Cuando llegó el tiempo de la convivencia matrimonial, José se convirtió en ese esposo ideal que sabe amar, cuidar y valorar a su esposa, y María se convirtió en esa esposa ideal que sabe honrar, respetar y admirar a su marido.

Es urgente que las características de José y María que hemos descrito a lo largo de este libro, vuelvan a tomar relevancia al momento de tomar una decisión tan sustancial como es un pacto para toda la vida. Es urgente que los padres se den cuenta de lo gravitante que es su opinión, su respaldo y su sabiduría, en este tiempo tan especial para los hijos.

Recuerde que usted está llamado a participar amorosamente en la elección de aquella persona especial para su hijo (hija). No esquive esa responsabilidad, y obre con sabiduría. No olvide que con los hijos, más que con cualquier otra persona, el principio de la siembra y la cosecha se cumple ¡y con creces! Estamos en un tiempo diferente, vertiginoso, cruel y lleno de egoísmo. Nuestra misión en este difícil panorama es establecer modelos que sean de inspiración para las familias que nos rodean.

Si usted se decide a hacerlo, no dude en que será de influencia en su entorno. Usted no puede cambiar al mundo, pero sí a una familia a la vez. Usted y yo estamos llamados a salvar a las familias de la decadencia moral y del arraigo de la posmodernidad, que nos vende cada vez más intensamente la idea de que "yo" soy el centro del universo. Cuando aprendemos a satisfacer las necesidades de los demás a expensas de las nuestras, estamos siguiendo el ejemplo de María y José. Sus hijos necesitan ver ese ejemplo en usted, para que ellos se conviertan en ese José y esa María que otras familias anhelan.

Por eso, en definitiva, mis palabras finales no pueden ser otras:

¡Yo quiero un José para mi hija!

¡Yo quiero una María para mi hijo!

¿Y usted?

CRITERIOS DE SELECCIÓN PARA UN YERNO

+ Ser valiente

+ Tener una entrega especial a los planes de Dios

+ Amarla, cuidarla y valorarla

+ Ser justo en toda la extensión de la palabra

+ Saber extender gracia y misericordia

+ Ser lo suficientemente espiritual para que a pesar de cualquier señal externa contraria a Dios, sepa escuchar y obedecer Su voz

+ Ser tierno, gentil, íntegro, amable, considerado y respetuoso

+ Estar dispuesto a morir a él mismo para perseguir el propósito que Dios diseñó para mi hija y para mis nietos

+ Acompañar a mi hija en su caminar

+ Estar pendiente de lo que ella necesita a nivel espiritual, a nivel físico y en todas las áreas de su vida

+ Añadir acción a la preocupación genuina de suplir cada una de esas necesidades

- Con su amor incondicional, cubrir todas las faltas y hacer prosperar el perdón

- Cuidar a mi hija, asistirla en los momentos difíciles, guardarla de todo mal, y conservarla en un permanente estado de bienestar

- Tener siempre en sus labios una palabra de bendición para mi hija

- Saber apreciar sus cualidades, y hacer rebosar de alegría su corazón, porque la tiene en alta estima

- Saber tomar una pesada cruz en el momento oportuno

- Comprender que no hay mayor amor que dar la vida por su esposa, mi hija

- Transformado por un toque extraordinario de Dios, captar la esencia del Evangelio y llevarlo a todo lugar, aun a costa del riesgo que implicaría

- Ser un entendido de su tiempo, y estar dispuesto a marcar la diferencia

- Ser instrumento de bendición para otros

CRITERIOS DE SELECCIÓN PARA UNA NUERA

+ Tener una extraordinaria disposición para hacer la voluntad de Dios

+ Ser valiente e íntegra

+ Estar dispuesta a obedecer aun a costa de ella misma

+ Entender que ella es un instrumento de Dios, y que entienda que la gloria de lo que haga, nunca será para ella, sino para Dios

+ Honrar, admirar y respetar a su marido

+ Saber acoplarse al liderazgo de mi hijo

+ Caminar siempre al lado de mi hijo

+ Velar por lo que mi hijo necesita a nivel espiritual y físico, así como en las diversas facetas en las que se desenvuelva

+ Sostener de mi hijo a través de actos de generosidad

+ Sentir un amor incondicional que aleje por completo la falta de respeto, e incremente la honra y la admiración que mi hijo necesita

- Tener una disposición férrea

- Saber apoyar a mi hijo

- Estar dispuesta a jugarse el todo por el todo para cumplir la voz de Dios

- Tener una intimidad tal con el Espíritu Santo, que Él le hable

- Demostrar la firme convicción de respetar, honrar y admirar a su marido

- Transformar la cultura de maldición en cultura de bendición en su hogar

- Tener la capacidad de hacer cosas extraordinarias que se traduzcan en un apasionado servicio en las cosas del Señor

- Saber que si un hombre recibe comunicación directa, respeto, aprecio, alimento y amor, hará cualquier cosa por hacer feliz a su esposa

- Conocer que las palabras de la esposa es una poderosa arma que puede hacer del matrimonio lo más parecido al cielo, o lo más cercano al infierno

NOTAS

Capítulo 1

1. Diccionario de la Lengua Española, vigésima tercera edición, © Real Academia Española, 2014, edición electrónica, bajo la entrada «moral». www.rae.es

Capítulo 2

1. Consultado en línea. https://buscandoajesus.wordpress.com/articulos/una-tipica-boda-judia/© Jan Herca, 2009. Este trabajo está sujeto a la licencia Creative Commons Attribution-NonCommercial-ShareAlike 2.5 Spain License

2. Cole, Edwin Louis, *Los dichos de Ed* (Códigos de Vida, 2008) p. 89.

Capítulo 3

1. Diccionario de la Lengua Española, vigésima tercera edición, © Real Academia Española, 2014, edición electrónica, bajo la entrada «cuidar». www.rae.es

Capítulo 6

1. Consultado en línea. http://www.sportlife.es/salud/sexo/articulo/Hormonas-Los-ingredientes-del-coctel-del-amor#

2. Consultado en línea. http://www.sportlife.es/salud/sexo/articulo/Hormonas-Los-ingredientes-del-coctel-del-amor#

3. Consultado en línea. http://www.sportlife.es/salud/sexo/articulo/Hormonas-Los-ingredientes-del-coctel-del-amor#

REFERENCIAS

Consultados en línea:

+ http://www.elpais.com.co/elpais/entretenimiento/noticias/
quimica-amor-cientificos-explican-por-nos-enamoramos

+ https://psicologiaymente.net/neurociencias/
quimica-del-amor-droga-potente

+ http://diccionario-nutriologia.orto-molecular.info/home/
feniletilamina